# 손에 잡히는 철학

# 손에 잡히는 철학

김해영 지음

도·서·출·판 **문화문고**

| **머리말** |

철학에세이라 하더라도 딱딱한 주제가 많다. 최대한 가볍게 접근할 수 있도록 양을 확 줄였다. 아주 짧은 시간 내에 읽어낼 수 있도록 했다. 그러면서도 뭔가 살짝 남도록 했다.

2014년 6월 수원시 우만동 사숙에서~

## |차례|

# 인심은 위태롭고, 도심은 미약하다!!

옛말에 '인심(人心)은 위태롭고, 도심(道心)은 미약하다'[1] 라는 말이 있다. 인간의 존재가 물질적 이욕의 충동이 강한 반면, 도덕적 고양(高揚)은 쉽지 않아 생긴 말일 게다. 아! 이 말이 질리도록 느껴진다. 때문에 다들 인간성이 회복되고, 인간이 본질인 사회를 지향하는 세계로의 전환을 요구하는 이른바 '인문학 사회'를 요구하는 것이겠지만 쉽지 않아 보인다.

여하튼 새로운 세상으로의 전환 요구는 도덕성을 바탕으로 한 물질의 추구, 시대정신에 부합하는 공동체 의식과 책임의식을 기반으로 한 개인주의, 자연과의 공존과 친화적

1) 『書經』, 「大禹謨」: 人心惟危, 道心惟微.

관계를 유지하는 인간주의라고 정의해 볼 수 있겠다. 그럼에도 산업화 단계를 넘어 정보화 시대에 깊숙이 자리하고 있는 오늘날에도 여전히 물질만능주의가 판을 치는 것은 문제다.

'묻지마 방화', '묻지마 폭행', 심지어는 '묻지마 살인'까지 횡행하고 있다. 당하는 입장에서는 "왜 하필 나인가?"라고 팔자타령을 하지만, 결국 빈부의 갈등이 이런 결과를 초래함은 말할 것도 없다. 함께 잘 살거나 못 사는 것은 문제가 되지 않는다. 극단(極端)을 이룰 때, 갈등한다는 점에서 성찰이 요구된다. 오늘날에 맞는 도덕성을 시급히 마련해야 할 때다.

# 존재하는 모든 것은 인식의 대상?

한 제자로부터 고급 만년필을 하나 선물로 받았다. 평소 만년필의 효용과 가치에 대해 제대로 모르고 있던 필자는 사용하지 않는 서랍 깊숙한 곳에 넣어 두었다. 사실상 버려둔 셈이다. 수년이 지난 어느 날, 사람들이 만년필을 고집(애용)하는 이유가 뭘까 고민하다가 처박아 두었던 만년필을 꺼내 사용하기 시작했다. 만년필의 효용을 인식하자, 그 가치가 발휘되기 시작했다. 급(級)의 가치라고나 할까.

과거 쓸모없는 것이라고 인식되었던 것이 어느 날 쓸모 있는 것으로 바뀐 것은 무엇 때문일까? 또 쓸모없는 것으로 여겼을 땐 가치가 전혀 없던 것이 쓸모 있다고 인식되는 순간, 가치가 부여되는 것은 왜일까? 물론 공통가치로 부여되는 이유들로 수요와 공급의 차가 발생하고, 때로는 이러한 관계로 비본질적인 삶의 구도가 연출되기도 하지만, 여하튼 이 때문에 존재하는 모든 것은 인식의 대상으로 떠오른다.

쥐약은 쥐를 잡기 위해 만든 약이다. 사실 약이 아니라 독약이다. 쥐는 그것을 살기위해 먹지만 결국 오인하여 죽음을 맞는다. 사람들도 가끔 오인하는 관계로 최후를 맞이하는 경우도 발생하곤 한다. 삶의 본질이 무엇인지 오인하는 경우에서 부작용을 낳는 것이다. 때문에 선현들은 사물의 본질이 무엇이고 말단은 무엇인지 고민하느라 수없이 많은 세월을 소비했다. 가치가 있다고 인식한 결과다.

서양의 인식론에서 소크라테스[2)]의 "너 자신을 알라"[3)]는 말을 필두로 베이컨[4)]은 "아는 것이 힘"이라는 주장을 했고,

---

2) 고대 그리스의 대표적 철학자인 소크라테스(Socrates, B.C.469~B.C.399)는 문답법을 통한 깨달음, 무지에 대한 자각, 덕과 앎의 일치를 중시하였다.

3) 여기서 '너'는 '그냥 있는 것', 즉 물자체(物自體)를 의미하며, '알라'는 인식론을 의미한다.

4) 영국 고전경험론의 창시자로 불리는 베이컨(F. Bacon, 1561~1626)은 인간의 정신능력 구분에 따라 학문을 철학과 역사, 신학 등으로 구분했다. 그의 최대 관심사와 공헌은 자연철학에 있었으나 과학방법론과 귀납법 등의 논리 제창에 크게 기여했다.

스피노자[5]는 "아는 것은 누구에게나 본능적으로 주어져 있다"고 강조하기에 이른다. 이것이 칸트[6]에 와서는 "알아야 힘"이라는 말로 이어간다. 여기서 '아는 것'은 남이 아닌, 바로 '내'가 '알아야' 진실로 '힘'이 될 수 있다고 주장하기에 이른다. 즉 진선미(眞善美)[7]로 대변된다.

다시 말해 칸트의 인식론은 『순수이성 비판』에서 "아는 것이 무엇인가?"에 대해 다루고, 일종의 윤리학인 『실천이성 비판』을 통해 '아는 것을 실천하는 것'에 대해 언급한다. 그

5) 네덜란드의 철학자인 스피노자(Baruch de Spinoza, 1632~1677)는 영국의 베이컨, 프랑스의 데카르트(Rene Descartes, 1596~1650)와 마찬가지로 신(新)시대를 환영하는 사상을 표현하였다. 자연정복과 인간개조가 그의 사상의 중심이 된 것은 음미할 만하다. 그러나 그의 철학은 관념론자들에 의해 범신론자로 알려져 있지만, 사실 그의 철학체계는 유물론적인 논리가 깊게 자리 잡고 있음을 이해할 필요가 있다. 스피노자의 사회관은 홉스(Thomas Hobbes, 1588~1679)의 영향을 받았지만 그와는 다르게 국가의 형태를 군주제가 아닌 공화제를 주장하였다.

6) 독일의 대표적인 철학자인 칸트(Immanuel Kant, 1724~1804)는 근대 철학의 초석을 놓은 인물로 평가받는다. 그의 철학은 인식론과 비판철학으로 유명하다.

7) 칸트는 과거의 철학을 무조건 수용하지 않고, 자신만의 비판(평가)적인 시각을 통해 비판철학을 성립시켰다. 이것이 이른바 진선미(眞善美)로 많이 알려진 '인식론'과 '윤리학', '미학'에 대한 비판이다. 즉 인식론을 다룬 『순수이성비판』, 윤리학을 다룬 『실천이성비판』, 미학을 논한 『판단력비판』이 그것이다.

런가 하면 미학 비판서로 불리는 『판단력비판』에서 그는 서로 다른 즐거움, 즉 공유될 수 있는 가치를 찾아내야 함을 역설한다. 개인의 즐거움과 행복 등이 모두에게 공통적으로 즐겁고 행복할 수 있는 것인지를 모색한 결과다.

경험과 이성의 집대성자로 알려진 칸트와 피히테[8] 및 셸링[9]의 사상적 파편에 자극받은 헤겔[10]은 주·객관적 관념론의 체계를 종합하여 정립과 반정립 그리고 종합의 논리인 이른바 변증법의 영역에서 오늘날까지 영향력이 지속되고

---

8) 독일 관념론의 대표적인 철학자로 불리는 피히테(J. G. Fichte, 1762~1814)는 실천적 주관적 관념론을 펼쳤으며 그의 사상은 셸링과 헤겔로 계승되었다.

9) 독일 고전철학의 대표적 철학자인 셸링(F. W. Schelling, 1775~1804)은 피히테의 자아를 기초로 하는 주관적 관념론에 대하여, 근원적인 '절대자'를 인정하는 범신론적인 객관적 관념론을 주장했다. 정신으로 나타나는 절대자(絶對者)에 관해서 그는 선험적 관념론이 성립한다고 주장하며, 신비적인 지적 직관의 대상인 예술철학을 중시했다.

10) 독일 관념론 철학의 집대성자로 불리는 헤겔(F. W. G. Hegel, 1770~1831)은 절대적 관념론자로 불린다. 그는 피히테의 주관적 관념론과 셸링의 객관적 관념론의 모순 대립을 매개로 통일하였다. 헤겔 철학의 원리가 되는 절대자(絶對者)의 개념도 셸링의 그것과 근본적으로 다르다. 헤겔은 현실적인 운동과정의 '인식'을 대상으로 하는 절대이념의 철학을 확립하였을 뿐만 아니라 이성개념(절대자)의 체계로써 이 이성개념은 정립과 반정립 그리고 종합이라는 이른바 정반합(正反合)의 논리체계로 이어진다. 이렇게 절대자가 자기를 자각하는 과정이 다름 아닌 변증법이고, 이 3단계의 변증법으로 구성된 것이 곧 그의 철학체계 골자다.

있다. 마르크스[11]와 포이어바흐[12]에게 영향을 미친 프리드리히 헤겔의 인식론은 변증법적 유물론과 역사적 유물론으로 지향했다. 모두가 인식의 대상으로 삼은 결과다.

---

11) 『자본론』으로 유명한 마르크스(K. H. Marx)는 헤겔의 영향을 받아 초기 무신론적인 급진 자유주의자로 불렸다. 엥겔스(F. Engels, 1820~1895)와 정치경제에 대한 연구를 통해 집필한 저서 『독일 이데올로기』에서 유물사관을 정립했으며, 『공산당선언』과 『경제학비판』 등을 통해 수많은 나라에 혁명의 단초를 제공했다.

12) 19세기 독일의 철학자인 포이어바흐(L. A. Feuerbach, 1804~1872)는 그리스도교 및 관념적인 헤겔 철학에 대한 비판을 통하여 유물론적인 인간중심의 철학을 제기했다. 후일 마르크스와 엥겔스에 의해 비판적으로 계승되었다.

## 원자력, 과연 안전하고 경제적인가?

100만 킬로와트(Kwh)짜리 표준 원자력 발전기를 1년간 가동할 때 들어가는 연료가 대략 30톤 정도의 우라늄(Uranium)이면 가능하다고 한다. 예컨대 대형 덤프트럭 두 대분의 아주 적은 우라늄을 가지고 안양시민이 1년간 사용할 수 있을 정도가 된다고 하니, '원자력' 하면 '경제성'을 빼놓을 수 없는 게 사실이다.

그러나 30톤의 우라늄을 제련하기 위해서는 대략 95,000톤의 우라늄 광석이 필요하고, 그 30톤의 우라늄을 제련(연마)하기 위해서는 또 30만 톤 정도의 석유가 필요하다고 한다. 물론 30만 톤이라고 해 봐야 대형 원유수송선 한 척 정도의 분량밖에 안 되는 적은 양이지만 우라늄 자체만 바라봐서는 안 된다는 것이다.

여기서 더욱 곤혹스럽게 하는 것은 역시 우라늄 연소 이후에 발생되는 플루토늄(Plutonium)이다. 라틴어의 플루토(Pluto : 지옥의 대왕)에서 파생된 플루토늄이라는 재는 원자로를 가동 시 발생되는 데, 100그램(큰 숟가락 하나) 정도의 아주 적은 양만으로도 치사량이 40억 명이나 된다고 하니 아연실색 그 자체다.

하나의 원자로에서 보통 1년 정도 가동하면, 대략 200킬로그램 정도가 발생된다고 알려져 있다. 문제는 이 놈의 플루토늄이 자연 상태에서 1/10로 줄어드는 데, 대략 '10만년의 시간이 필요하다'는 것이다. 이 때문에 우리는 미래의 후손들에게 형언할 수 없을 만큼 비판과 비난을 면치 못하리라는 것은 명약관화하다.

국내 원자력의 규모를 보면, 고리에 5기가 가동 중에 있고, 영광에 6기, 울진에 6기, 월성에 6기 등 4개 지역에서 총 23기가 가동되고 있는 것으로 나타나고 있다. 이는 원자력 발전 세계 6위에 해당하는 규모임에도 원자력에 대한 비중과 의존도를 점차 높여가는 추세로 볼 때, 우려하지 않을 수 없는 엄청난 규모다.

거듭 언급하면, 보통 100만 킬로와트 용량의 원자로에서 연간 200킬로그램 정도의 플루토늄이 발생되는 것으로 추산된다. 따라서 우리나라의 경우 총23기의 원자로에서 발생되는 플루토늄을 합할 경우, 연 4톤가량의 플루토늄(핵폐기물)이 발생되는 것으로 추정해 볼 수 있다. 실로 놀라운 일이 아닐 수 없는 양이다.

이것은 본질과 약간 다른 이야기이긴 하지만 핵폭탄 한 발을 제조 시, 대략 10~20킬로그램 정도의 플루토늄이 사용되는 것으로 볼 때, 경악을 금치 못하게 하는 어마어마한 양이라 하지 않을 수 없는 규모다. 국제원자력기구인 IAEA에서 우리나라를 늘 감시국가로 여기는 이유도 바로 여기에 있지 않나 싶다.

여하튼 문제는 원자폭탄을 제조하여 사용하는가의 여부보다는 우라늄(Uranium)을 활용하고 난 이후의 남는 재, 즉 플루토늄(Plutonium)을 어떻게 처분하고 관리할 것인가가 초미의 관심사가 아닐까 여겨진다. 전문가들이 이구동성으로 '판도라의 상자가 열렸다'고 우려하는 이유도 바로 여기에 있다 하겠다.

상황이 이런 데도 경제성을 이유로 원자력 발전만을 고집해야 할까?

# 예의와 염치가 있어야 한다!!

지금으로부터 2700년 전, 관포지교(管鮑之交)로 유명한 관중(管仲: 관자管子로 불림)13)이 목민(牧民)에 관해 이야기를 한 바 있다. 그는 지도자의 임무가 다름 아닌 '사계절을 살펴 백성들의 마음이 편한지 어떤지를 잘 살피는 일'이라 주장한다. 집에는 먹거리가 창고에 가득 차고, 나라엔 재물이 많이 쌓이면 멀리 있는 사람도 자연 몰려온다고 하였다. 또 입을 옷과 먹을 양식이 풍족하면, 영광과 치욕도 저절로 안다고 하였다.

---

13) 춘추시대 제(齊)나라의 명재상이었던 관중(管仲,?~B.C.645)은 어린시절부터 평생 변함이 없었던 죽마고우였던 포숙아(鮑叔牙)와의 깊은 우정을 쌓아 이른바 '관포지교'라는 유명한 고사를 남겼다. 제나라 환공을 도와 군사력의 강화와 상업 및 수공업의 육성을 꾀하여 부국강병을 도모했다. 그의 핵심 이념은 질서(治)와 부강(富强)이다.

관자는 '예의염치(禮義廉恥)'를 매우 중시했다. 이는 나라를 지탱하는 '네 가지의 밧줄'이라는 의미인데, 하나가 끊어지면 나라가 기울고, 두 개가 끊어지면 나라가 위태로워지며, 세 개가 끊어지면 나라가 뒤집어지고, 네 개가 모두 끊어지면 나라가 망(亡)한 거라 주장했다. 기우는 것은 바로잡을 수 있고, 위태로운 것은 안정시킬 수 있으며, 뒤집어지는 것도 일으켜 세울 수 있으나, 망한 것은 다시 일으킬 수 없단다.

관자의 영향인지는 모르겠으나 중국인들은 오늘날에도 학교마다 '예의염치'를 강령으로 삼아 교육을 시킨다. 그렇다고 중국인들이 모두 '예의염치'가 탁월하다고 볼 순 없지만 늘 마음속으로 이를 잃지 않으려는 모습은 본받을 점이다. 어찌된 일인지, 하루도 조용한 날이 없다. '지금 바로 여기'에서 '예의염치'가 몇 개나 존재하는지 성찰해야 한다. 예와 의? 아니면 이미 염치까지? 모두의 안녕을 위해 각자 애써야 한다.

## 쇠소리와 경소리가 필요하다!!

세상이 하루도 잠잠할 날이 없다. 마치 어린 아이들이 장난하는 것 같다. 네 명의 성인이 있다. '백이'[14]는 절개가 천하에 높아서 한 점의 더러움이 없이 살았고(청렴하면 백이), '이윤'[15]은 천하의 일을 책임지고 조금이라도 남에게 미루지 않았다(모두가 내 탓). '유하혜'[16]는 도량이 천하를 용납

14) 백이(伯夷)는 본래 은(殷)나라 고죽국(孤竹國 : 오늘날의 하북성 창여현 부근)의 왕자였으나, 주(周)나라의 무왕(武王)이 은나라의 주왕(紂王)을 토멸하고 주(周)왕조를 세우자, 무왕의 행위가 인의(仁義)에 위배되는 것이라 하여 주나라의 곡식을 먹기를 거부하고, 수양산(首陽山)에 들어가 몸을 숨기고 고사리를 캐어먹다가 굶어죽었다. 유가(儒家)에서는 이들을 청절지사(淸節之士)로 높인다.

15) 은(殷)나라의 전설상의 인물인 이윤(伊尹)은 이름난 재상으로 탕왕(湯王)을 도와 하(夏)나라의 걸왕(桀王)을 멸하고 선정을 베푼 것으로 유명하다. 유가(儒家)에서는 천하의 잘못된 일은 모두 자신의 탓으로 돌리면서 위로는 탕왕을 보좌하고 아래로는 백성을 편안하게 한 것을 높이 평가한다.

16) 춘추시대 노(魯)나라의 현자(賢者)였던 유하혜(柳下惠)는 유하(柳下)에서

하여 조금이라도 막히거나 다름이 없이 살았다(모든 것을 자신의 덕으로 화합하고자 함). '공자'17)는 미루어 옮기고, 변하고, 화합하여 행동거지가 모두 마땅하게 살았다(때에 맞춰 삶).

오래전, 음악에 여덟 가지 소리가 있었다. 그 가운데 한 소리로 연주를 하면 그 소리로 시작하여 그 소리로 마치게 된다. 가령 쇠소리로 시작하면 쇠소리로 마치고, 경소리로 시작하면 경소리로 마치는 것이다. 하모니를 이루기 위해서이지만 순서가 있다. 연주를 할 때에 쇠소리로 시작하고 마칠 때에는 경의 소리로 거두는 것이다. 쇠소리로 시작하는 것(사회엔 어디서나 지도자 필요)은 여덟 소리가 연주되기 전, 반드시 먼저 쇠북을 쳐서 다른 소리를 유인하기 위함이다.

---

살았다고 하여 호(號)가 되었으며, 문인들이 혜(惠)라는 시호를 올려 유하혜로 불렸다. 모든 것을 자신의 덕으로 화합하고자 하면서도 직도(直道)를 지켜 임금을 섬긴 것으로 유명하다. 맹자(孟子)는 그를 일러 성인(聖人) 중의 화(和)한 사람이라고 평했다.

17) 인물의 평가에서 두 가지 어려움이 존재한다. 평가할만한 거리가 없음에도 평가를 해야 하는 경우와, 제한된 시공간에서 평가할 수 없는 경우가 그것이다. 특히 공자(孔子, B.C.551~B.C.479)와 같은 위대한 철학자의 평가는 거의 불가능하다. 이러한 이유를 전제로 공자를 소개하면 춘추시대의 철학자이자 사상가며 유가(儒家)를 창시한 이로만 거론해 두고자 한다.

이는 쇠북소리로써 여러 소리의 조리를 시작하는 것이지만, 경의 소리로 거두는 것은 여러 소리가 연주되고 마칠 때가 되면, 경쇠를 쳐서 여러 소리를 그치게 하는 것이다. 경쇠는 여러 소리의 조리를 거두는 것이다. 시작하고 마치는 사이에 여러 소리는 하모니로 작용하지 않는 것이 없다. 이것이 바로 음악을 모아서 크게 이루는 것이다. 사회가 시끄럽지만 시도하는 이가 있고, 이를 매듭짓는 이도 필요하다. 결단해야 할 때 결단하지 못하면 쇠소리나 경소리나 소용없다.

## 정치도 전문가가 필요하다!!

오늘날은 뭐든 전문가시대다. 법률 전문가, 의학 전문가, 음악 전문가, 건축 전문가, 경영 전문가, 컴퓨터 전문가, 복지 전문가, 심지어는 공직도 전문가(이른바 고시를 패스한 고급관료 등)시대에 접어든 지 오래다. 그래서 그런지 정치도 사실상 전문가(정치인)가 행사한다. 하지만 정치가 국민의 의식수준을 따라가지 못해서인지 국민들은 이른바 정치전문가들을 선호하기보다는 새로운 인물을 선호하기 바쁘다. 지난 대선과 총선에서는 물론 최근의 시민사회단체에서 활동하던 인사들이 뜨는 것은 이제 익숙한 일이 되어 버렸다.

이 때문에 각 정당에서는 새로운 인물들을 영입하기 위해 각축전을 벌이기 일쑤다. 그도 그럴 것이 영입대상자들은 하나같이 자신의 영역에서 최선을 다한 덕분에 국민들의 뇌

리에 이른바 '전문가'라는 인식이 확고한 인물들이기 때문이다. 말하자면 특정 영역에서 타의 추종을 불허할 만큼, 끊임없는 노력 끝에 자신의 존재를 부각시킨 결과일 것이다. 그렇다면 이러한 부류의 인사들이야 말로 전문가답게 자신의 영역에서 더욱 더 수준을 높여야 마땅한 일 아닌가? 인지도에 매몰되어 정치권에 진출하는 것이 과연 옳은 일인지?

따라서 자신의 영역에서 전문가로 굳건히 자리하던 이들이 정치인으로 변신하면서 성공사례가 얼마나 되는지 따져봐야 한다. 자신은 물론 사회적으로도 엄청난 손실로 이어짐은 말할 것도 없다. 이들의 정계진출로 일정기간 기성 정치인들의 도움을 받을 수밖에 없을 뿐 아니라 초보적인 정치로 어마어마한 인적 물적 요소가 투여되어야 함도 무시할 수 없는 부분이다. 또 이들이 수련하는 동안 국민의 기대에 부응하기도 쉽지 않다. 한 인간이 제대로 된 정치 전문가로 성장하기 위해서는 무지막지한 시간이 필요함은 이 때문이다.

이러한 사정으로 정치 선진국에서는 정치 전문가 집안에 정치인이 대를 이어 나오는 데 대해 타산지석(他山之石)으로 삼을 만한 일이 아닐까 싶다. 여하튼 사정이 이러함에도 정치의 문외한이 인지도 하나만을 믿고 정치판에 뛰어들다 보니 소란이 사라질리 만무한 것은 당연한 일일 것이다. 물론 기성 정치인들이 워낙 국민들의 기대에 미치지 못한 행위들을 마구 저지르다 보니 이런 현상이 빈발하는 것이겠지만 그럼에도 정치는 정치권에서 나름 검증을 통해 역할을 하고 있는 정치인 가운데 중책을 맡기는 것이 마땅하다 할 것이다.

작은 음식점 하나를 운영해도 전문가가 필요한 세상인데, 하물며 나라의 운명을 좌지우지할 수 있는 정치의 영역이란 어떻겠는가? 좋든 싫든 정치권에서 노심초사하며 일정한 경쟁을 통해 검증된 이에게 중책을 맡기는 것이 그나마 실수를 줄일 수 있을뿐 아니라 예측가능한 정치가 될 수 있으리라 본다. 물론 국민들은 보다 결함이 적고 보다 나은 비전을 제시하는 인사를 선택해야 함은 말할 것도 없다. 이성을 배제한 감성에 사로잡혀 한 눈을 팔면서 무책임하게 "3류 정치"니, "정치가 썩었다"느니 비난해봐야 지나간 버스 잡기다.

루소[18]도 일찍이 전문가주의를 비판한 일이 있지만, 사회의 모든 부분이 이미 전문가 시대에 깊숙이 침투해 있는데 대해 마냥 동의할 일이 아님은 말할 것도 없다 하겠다. 그러나 '지금 바로 여기'에서 실수를 최소화 하고 보다 안정적으로 우리의 비전을 굳건히 세우고 진일보하기 위해서는 정치권이 마음에 들지 않더라도 보다 많은 관심과 사랑이 필요함은 물론이다. 배에는 선장이 필요하고 항해사도 필요하며 기관사도 필요하다. 각자가 역할에 충실할 때 안전하게 목적지에 도달할 수 있듯, 정치도 전문가가 필요할 때다.

18) 프랑스의 계몽주의 철학자로 널리 알려진 루소(J. Rousseau, 1712~1778)는 물질과 정신이 공존하는 존재로 보고, 영혼 또한 불멸을 주장했다. 사람의 성품을 선하다고 주장한 것처럼 그는 도덕적 관념을 생득적이라고 보았다. 사회학적으로는 봉건적 전제 지배를 격렬하게 공격하고 부르주아 민주주의를 지지하고 시민의 자유를 강조했다. 사회계약론에 있어서 그는 홉스(T. Hobbes, 1588~1679)와는 달리, 인간의 자연 상태는 만인의 만인에 대한 투쟁이 아니라, 우정과 조화가 지배하고 있다고 설명하고, 이 자연 상태를 회복할 것을 주장했다. 그의 사상은 프랑스의 혁명에 커다란 영향을 미쳤다.

## 착취를 어떻게 볼 것인가?

헤겔(F. Hegel, 1770~1831)은 '주인과 노예의 관계'를 통해 노동의 중요성을 이끌어냈다. 헤겔이 주인과 노예의 관계를 통해 자의식과 노동을 설명한 것은 역사적으로 최초의 계급 사회인 고대 노예제가 형성되는 과정에 해당한다. 헤겔에 따르면, 인간이 자의식을 갖고 있다는 것은 '욕망' 때문이다. 이 욕망은 다른 사람으로부터 인정받고 싶은 욕망이다. 예컨대 우리가 명예를 얻고 싶고 돈을 많이 벌고 싶고 권력을 갖고 싶은 것은 언뜻 자기 스스로 만족을 얻고 싶은 것처럼 보이지만, 이면을 자세히 살펴보면 다른 사람들로부터 인정을 받고 싶은 것이다.

다른 사람들과의 관계를 무시한 명예, 돈, 권력은 아무 의미가 없다. 명예, 돈, 권력은 사회에서 인정하는 명예, 사회에서 유용한 돈, 사회적 관계에서 다른 사람을 지배하는 권력이다. 자기 스스로의 만족도 따지고 보면 다른 사람들로부터 인정을 받음으로써 얻는 만족이다. 이러한 의미에서 인간의 역사를 살펴보면 서로 인정받으려 하는 욕망 때문에 다툼이 일어나는 것을 확인할 수 있다. 그 결과 주인(지배 계급)과 노예(피지배 계급)가 생긴다. 인정을 받기 위해 두 자의식 사이에 다툼이 벌어져 승리한 쪽은 주인이 되고 패배한 쪽은 노예가 되는 것이다.

이 '인정 투쟁'에서 패배한 노예는 자신을 살려준 대가로 주인에게 봉사해야 한다. 노예는 노동을 통해 자연과 관계하면서 주인의 생활을 온전히 떠맡는다. 주인은 노예의 노동 산물을 향유하면서 베짱이처럼 살아도 문제될 게 없다. 그런 와중에 노예는 끊임없이 주인으로부터 죽음의 공포를 경험한다. 게으름은 곧 죽음이다. 노동은 노예가 생존하는 방식이다. 고대 노예제에서 주인이 노예에게 가하는 죽음의 공포는 채찍과 같은 직접적인 물리력이 다수였지만, 오늘날 자본주의 사회에서 자본가가 노동자에게 가하는 죽음의 공포는 해고라는 딱지다.

그러나 헤겔은 죽음에 대한 공포 속에서 이루어지는 '노동'이야말로 자립적인 자의식을 확립하는 계기라는 사실을 밝혀낸다. 노예는 노동하는 과정에서 노동 대상의 객관적 법칙을 인식하고 그 대상을 자신의 의지에 종속시킬 수 있다는 사실을 깨닫는 것이다. 이 깨달음은 자신의 잠재 능력에 대한 확인이다. 이에 반해 주인은 물질생활 전체를 노예에게 의존함으로써 오히려 자립성을 잃는다. 노예가 없으면 주인은 물질생활을 영위할 수 없고 나아가 생존마저 위협을 받게 된다. 반면 노예는 주인이 없더라도 창조적 노동을 통해 스스로의 삶을 해결한다.

이렇게 보면, 사실 '주인은 노예의 노예'이고, '노예는 주인의 주인'인 셈이 된다. 이처럼 주인과 노예의 실질적 관계가 역전되는데 결정적인 역할을 하는 것은 죽음의 공포를 경험하면서 자의식을 확립하는 노예의 노동임을 알 수 있다. '노동'이야말로 현실의 생활을 영위하고 역사를 형성해 가는 원천인 것이다. 헤겔의 이러한 노동관은 마르크스에게 큰 영향을 미쳤다. 하지만 마르크스는 새로운 유물론적 해석방식을 통해 체용(體用)[19]의 반역적인 과정 속에서 나타나는 착취의 구조를 밝혀낸다. 착취의 정도에 따라 갈등도 비례

한다. 착취를 어떻게 볼 것인가?

---

19) 체용(體用)은 본질적으로 사물의 본체와 작용, 즉 현상을 말하는데, 불교에서도 쓰는 용어이지만 유가(儒家)에서는 송대(宋代)로부터 주로 사용되는 철학개념이다. 체는 본체적 존재로 형이상적(形而上的) 세계에 속하고, 용은 그것의 작용 및 현상으로 형이하적(形而下的) 세계에 속한다. 그러나 양자는 표리일체(表裏一體)의 불가분의 관계로써 체를 떠나 용이 있을 수 없고, 용이 없는 체 또한 존재할 수 없다.

## 개나 소 같은 인사가 정치하면 안 된다!!

아주 오래전인 중국 한나라의 회남왕 유안(劉安)[20]이 신선술(神仙術)을 찾아다니다가 인공(人公)이라는 신선을 만나 단약 만드는 비법을 전수받았다. 유안은 비법에 따라 정성껏 단약을 만들어 먹자 승천했다. 이를 옆에서 지켜보던 닭과 개가 유안이 만들어 먹다 남은 단약을 주워 먹자 덩달

20) 『회남자(淮南子)』를 저술한 회남왕(淮南王) 유안(劉安, B.C.179~B.C.122)은 전한(前漢)의 문제(文帝)와 무제(武帝)때 살았던 인물이다. 그의 아버지 유장(劉長)은 한고조 유방(劉邦)의 막내아들로 기원전 195년에 회남왕(淮南王)에 봉해졌다. 『사기(史記)』나 『한서(漢書)』에 따르면, 그는 문제로부터 낙인이 찍혀 봉국을 몰수당하고 촉(蜀)에 유배 도중 자결한 것으로 나온다. 유안은 기원전 164년에 회남왕으로 봉해졌는데, 그는 어려서부터 책을 많이 읽고 거문고 타기를 즐겨했으며, 사람들에게 은밀히 베풀기를 좋아했다. 나이가 들어감에 따라 아버지의 죽음을 애도하게 되었고, 그도 아버지와 비슷한 길을 걸어, 말년 무제시대에 모반 사건에 연루되어 자결했다. 그러나 일설에 따르면, 도가(道家)를 숭상하는 그의 행태를 못마땅하게 여긴 유가(儒家)가 유안을 모함에 빠뜨린 것으로 전하기도 한다.

아 승천했다고 한다. 이른바 계견승천(鷄犬昇天)이란 말이 이렇게 해서 만들어졌다고 한다. 요즘말로 하면 '개나 소나 날뛴다'는 말로 표현할 수 있다.

그리스의 철학자 소크라테스(Socrates)는 요즘 다들 좋아하는 민주주의(民主主義)를 그리 달가워하지 않았다. 민주주의가 오용되면 자칫 개나 소 같은 인사들이 정치를 하겠다고 날뛴다고 보았기 때문이다. 개나 소 같은 인사들이 정치에 뛰어 들면 어떻게 되겠는가. 정치가 개판되는 것은 시간문제다. 정치가 개판되면 정치가 타락하기 시작한다. 사실 정치만 타락되면 그뿐이지만 그것이 사회 전체를 타락시킨다는데 문제의 심각성이 있다.

그렇다면 사회가 타락되면 어떤 현상이 벌어질까? 이른바 '사회적 약자'로 불리는 이들의 피해로 이어지기 십상이다. 국가가 구성된 근본원리가 '사회적 강자'가 아닌 '사회적 약자'를 위해 구성되고 운영된다는 점에서 문제가 아닐 수 없는 것이다. 불과 수십 년 전, 우리에게 원조를 해주던 필리핀을 보자. 정치가 타락하면서 나타난 폐해가 결국 '사회적 약자'들을 수도 없이 늪의 구렁텅이로 몰아가지 않았는가.

민주주의의 허점이 바로 이런 경우일 것이다.

자정능력이 존재하는 민주주의야 두말할 게 없지만 올바른 생각을 가진 소수만으로 사회를 유지하기란 쉽지 않다. 사실 그 우려했던 일들이 우리 사회 곳곳에서 나타나는 것을 어렵지 않게 목격할 수 있다. 재물을 통해 정치를 하겠다고 달려드는 인사들이 얼마나 많은가? 그래서 선현들은 정치에 대해 아무나 하는 것이 아닌 '고도의 합리와 봉사정신', '투철한 자기 희생정신', '높은 도덕성이 담보'되지 않는 인사에겐 불가능한 일로 여겼던 것이다.

## 싸가지가 없다고? 웃기고 있네!!

예로부터 '동방예의지국(東方禮義之國)'으로 불리던 우리나라가 언제부턴가 "어른을 공경하는 문화(일종의 경로효친문화敬老孝親文化)가 점점 사라져가는 것으로 보인다."고 미국의 일간 《크리스천 사이언스 모니터(CSM)》 지가 지난해 7월 보도한 바 있다. 이런 저런 사례를 통해 볼 때, 한국 젊은이들의 이른바 싹아지(본래 싹+아지兒枝의 합성어가 변하여 요즘은 이른바 '싸가지'로 불림. 가끔 '싹수'로 칭하는 사람도 있음)가 사라져 가고 있다는 기사였다.

위의 보도대로라면 본래, 우리나라 사람들이 이른바 '싸가지'가 있는 나라였다는 얘기인데, 맞는 말이다. '싸가지'가 있는 정도가 아니라 사실은 지나쳐 부작용에 시달린 적이 어제오늘의 이야기가 아니다. 일부이긴 하지만 '싸가지'가 아직도 잘 유지되는 지역도 있다. 도시인들의 눈엔 도저히 따라하지 못할 만큼 엄격한 삶으로 보이지만, 그들은 몸에 체득되어 불편함이 전혀 없다고 한다. 아니 오히려 우리의 현 '싸가지'에 대해 논하곤 한다.

여하튼, 예로부터 '싸가지'가 있기로 유명했던 나라에서 점차 그 색(色)을 잃어가고 있다는 것은 문제가 아닐 수 없는 일이다. 그렇다면, '싸가지'가 본래부터 우리나라 사람들에게 유전적으로 존재했었는가에 대해선 좀 고민이 필요하다. 한마디로 결단하면, "우리에게 '싸가지'라는 정서의 유전자는 없었다."이다. 그렇다면 왜 동방예의지국으로 유명해졌을까? 그건 다름 아닌 오바마도 부러워하는 우리나라 사람들의 학문(공부)에 대한 열정 때문이다.

말하자면 '싸가지'가 있어서 예의가 있는 나라가 된 것이 아니라, 끊임없이 공부(세뇌洗腦)를 시켜 예의가 있는 나라가 된 것이다. 문헌을 통해 의역해 보면, 관자가 살던 2700년 전에도 "요즘 애들 '싸가지'가 없다"고 했고, 2500년 전의 공자가 살던 때도 "요즘 애들 '싸가지'가 없다"고 전한다. 800년 전의 주자(朱子)도 "요즘 애들 '싸가지'가 없다"고 한 바 있으며, 450년 전의 우리의 율곡(栗谷)[21] 쌤도 "요즘 애들 '싸가지'가 없다"고 한탄했다.

오죽하면, 줘 패서라도 무지몽매한 이들을 가르쳐야 한다고 『격몽요결(擊蒙要訣)』이란 책을 다 저술했겠는가? 필자도 성균관 출신이지만, 요즘 노인 분들은 언필칭(言必稱) "요즘 애들 '싸가지'가 없다"고 비판하기 바쁘다. 대학에도 크게 다르지 않다. 4학년 학우가 신입생을 향해 "요즘 신입생 애들 '싸가지'가 없다"고 하고 있고, 신입생들은 "요즘 고딩(고등학교 학우) 애들 '싸가지'가 없다"고 한다. 물론 고딩들은 "요즘 초딩 애들 '싸가지'가 없다"고 한다.

맞다. 사람은 원래 '싸가지'가 없는 게 맞는 말이다. 그래서 가르쳐야 한다고 선현들은 줄기차게 주창했다. 거듭 강조하면, '싸가지'가 있어서 예의가 있는 나라가 된 것이 아니라, 가르쳐서 '싸가지'가 있는 나라, 즉 동방예의지국이 된

21) 조선 중기의 철학자이자 정치가로 율곡은 이이(李珥)의 호이며 『동호문답』, 『성학집요』 등의 저술을 남겼다. 현실과 원리의 조화와 실공(實功)·실효(實效)를 강조하는 철학사상을 주로 제시했으며, 『만언봉사』와 『시무육조』 등을 통해 사회의 제도개혁을 주장했다.

것이다. 따라서 요즘만 애들이 '싸가지'가 없는 게 아니라 가르침이 부족해서 '싸가지'가 없어지는 것이다. '싸가지' 그거 가르치면 생긴다. 물론 남을 배려하는 데에서 사랑이 나온다는 전인교육, 바로 그것을 가르쳐야 한다.

# 사상의식, 참으로 무섭다!!

옛말에 "봉건전통의 토지제도를 개혁하기는 쉬우나, 봉건 전통의 '사상의식(思想意識)'은 결코 타파하기 쉽지 않다."는 말이 있다. 틀린 말이 아닌 듯하다. 지난해 6월 어느 일요일 저녁 모 시사프로그램에서는 몇 가지 롤 가운데, 현대그룹의 이야기 일부와 현 금호아시아나 그룹의 이른바 '왕자의 난'을 다룬바 있다. 순간 깜놀(깜짝 놀람)하지 않을 수 없었다.

여기서 현대그룹 '형제의 난'은 일단 제외하고 보자. 과거 금호그룹 창업자가 작고하면서 형제들이 모여 그룹의 총수를 누가 맡을 것인지를 두고 오랜 논의 끝에 장자인 맏아들이 회장을 하다가 작고하거나 일정한 연령(65세)에 도달하면, 차남이 그 자리를 이어받고 또 동일한 경우가 되면, 그

다음의 아우로 바통을 이어간다는 식의 협약이 있었다고 한다.

그렇게 해서 차남까지는 관행이 지켜지다가, 셋째인 현 회장에 이르러서는 전통이 무너짐으로서 '형제의 난'이 일어났다는 게 논의의 핵심이다. 물론 현 회장은 그룹을 자식에게 상속하려 하고, 아우는 그룹회장 자리를 이어받지 못할 바에야 주력기업을 선점하여 그룹을 분할하려 했다는 점에서 상호 비방과 고발로 이어져 결국 사직당국으로 이어졌다는 얘기다.

지금으로부터 줄잡아 3000년도 훨씬 전인 중국의 은(殷)나라 때는 형이 죽으면 동생이 그 뒤를 잇는 이른바 '아우에게 전하는 제도'가 시행되었고, 주(周)나라 때는 아버지가 죽으면, 아들이 그 지위를 계승하는 이른바 '아들에게 전하는 제도'가 시행된바 있다. 참으로 놀라운 일 아닌가? 오늘날 현대그룹과 금호그룹의 '형제의 난'과 너무도 유사성을 띤다는 게.

사실 토지제도 개혁이라는 것도 말이 쉽지, 조선왕조 내

내 토지제도를 가지고 지지고 볶아댔지만 신통치 않았음은 주지의 사실이다. 그럼에도 토지제도 개혁이 오히려 쉬운 것으로 표현할 정도니, 우리의 정서 속에 녹아 있는 '사상의식'이란 어떻겠는가? 참으로 무서운 관성이 아닐 수 없다. 공직의 관행이라는 것도 따지고 보면 역사만큼이나 그 속에 녹아 있다.

전교조는 태동할 때 '참교육'을, 공무원노조는 태동할 때 '공직사회개혁'과 '부정부패척결'을 주창했다. 참으로 유효적절한 말이다. 그러나 말은 쉽지만 이루긴 결코 쉽지 않은 일이다. 가까운 동학에서도 보국안민(輔國安民)을 주창한 것이 결국 썩은 관료사회를 개혁하지 않고선 백성을 편안하게 할 수 없다는 데서 출발한 것을 보면, '사상의식'을 되새기게 한다.

# 조금만 기다리라고?

장자[22]가 가난해서 벼슬하는 친구 감하후에게 찾아가 약간의 먹을 곡식을 빌리러 갔다. 장자의 친구 감하후가 말하길, "내가 멀지 않아 백성들에게 세금을 거둬들일 텐데, 그때 엄청난 곡식을 살 수 있는 돈을 자네에게 꾸어줄 테니 기다리게."라고 하였다.

이에 장자가 맞받았다. "내가 여기 오는 길에 수레바퀴 자국이 있는 움푹 패인 곳에 붕어가 한 마리 있었다네. 붕어

22) 장자(莊子, B.C.369~B.C.289?)는 중국 고대의 사상가로 도가(道家)의 대표적 사상가 중 한 명이다. 맹자(孟子)와 동시대인으로 노자(老子)의 사상을 계승한 것으로 알려져 있으나 상세한 것은 알 수 없다. 그는 도(道)를 천지만물의 근본원리로 보았다. 이는 어떤 대상을 욕구하거나 사유하지 않으며(無爲), 스스로 자기존재를 성립시키며 절로 움직인다(自然)고 하는 일종의 범신론(汎神論)주의자이다.

가 나에게 약간의 물을 좀 대주면 살 수 있을 것 같다며 구명을 요청했다네. 그래서 내가 그랬지. 좀 기다려봐. 내가 지금 오월(吳越)의 왕에게 가는데, 내 그들에게 얘기해서 강물을 끌어다가 자네에게 대줄테니 기다리라고 했지. 그랬더니 그 물고기가 하는 말이 가관이었지. 야! 이 썩을 놈아! 나는 지금 약간의 물만 있으면 살아갈 수 있는데, 언제 네 놈이 오월의 왕들에게 얘기해 날 살릴 수 있단 말이냐. 이 되먹지 못한 놈아! 하더군."

국민들이 먹고 살기 힘들다고 아우성인데, 몰지각한 위정자들은 조금만 기다리란다. 국민소득 2만 불 시대면 뭐할 것이며, 5만 불 시대가 되면 뭐할 것인가? 당장 목구멍에 거미줄을 칠 지경인데, 한가하게 개가 풀 뜯는 소리를 하는 자들이 차고 넘친다.

## 독서는 삶의 궁색함을 덜어준다!!

세상일은 변화가 무궁하다. 그래서 비록 어떤 일을 일일이 미리 강구할 수는 없다 해도, 일이 없을 때도 언제나 일이 있을 때처럼 생각한다면, 막상 일이 닥쳤을 때, 저절로 힘을 얻어 허둥대는 지경에 빠져들지 않을 것이다(정조正祖의 어록 가운데 하나).

아무 생각 없이 살다보면 가끔 궁색해진다. 늘 의연하게 대처하기 위해서 정조는 독서를 권한다. 정보가 없던 시절, 책은 그 자체가 힘이자 위력이었다. 정보의 홍수 속에 살고 있는 우리는 오히려 정보에 치여 뭐가 본질이고 뭐가 말단인지 몰라 우왕좌왕한다.

그래서 '선택과 집중'을 강조하는 것일 게다. 불교(佛敎)에서는 듣는 것보다 보는 게 더 천박하다 했는데, 요즘은 뭐든 눈에 뵈는 것만 선호한다. 글보다는 사진이나 동영상 등등을. 쉽게 들어오니 쉽게 잊혀진다는 사실을 잊지 말아야 할 텐데, 안타까운 일이다.

# 인문학의 본질!!

인문학(人文學) 도시를 만든다고 난리다. 한 마디로 인문학 열풍이다. 일부 방송에서는 각계의 전문가들을 모셔다가 토론도 하고 방향도 제시한다. 우리 수원시를 포함한 다수의 자치단체에서는 이미 구체적으로 추진 중에 있다. 그런데 가만히 살펴보면, 정작 인문학의 본질을 이해하지 못하고 진행되는 경우가 문제라면 문제라 하겠다. 왜 인문학을 주창해야 하는지, 본질을 인식하고 접근해야 함에도 개념없이 사업을 추진하는 것이 종종 눈에 띄기 때문이다. 세상이 물질사회에 깊이 매몰되어 있다 보니, 지엽적이고 말단적인 부분만을 가지고 논의되는 것이다.

인문학은 이른바 '문학·사학·철학(文學·史學·哲學)' 만을 의미하는 게 아니다. 사회과학이니, 자연과학이니 하는 것은 공부하는 사람들이 편의상 범주화 한 것이지, 그것이 인문학과 부합한다거나 배치된다거나 하는 게 아니다. 사람이 살아가면서 만들어 내는 모든 것이 곧 문(文)이라는 점을 이해할 수 있다면, 일단 인문학의 단서 정도는 잡았다고 할 수 있다. 끊임없이 변화하는 시대에 사람(人)들이 만들어 내는 모든 사물들이 모두 문(文 : 본질적으로는 육안으로 볼 수 있는 모든 것이지만 보이지 않는 예술 부분 등도 포함)에 해당되기 때문이다.

여하튼 인문학의 핵심에 대해 간략하게 일러두면 다음과 같이 설명할 수 있겠다. 세상에는 크게 두 가지의 패러다임이 존재한다. 하나는 정신(도덕)적 지향이고, 다른 하나는 물질(경제)적 지향이다. 여기서 정신적 지향이 가속화되면 결국 사물이 극하여 반전하게 된다는 이른바 물극필반[23]의 원리에 의해 물질(경제)을 중시하는 사회로 진입하게 되고, 반대로 물질(경제)사회가 지속되다 보면 이 또한 식상해져 물극필반의 원리에 의해 다시 정신(도덕)을 지향하는 인문

23) 물극필반(物極必反)은 '사물이 극하면 반전한다'는 의미로 우리나라 국기인 태극기의 태극원리와 같은 내용이라 할 수 있다. 흥망성쇠가 반복된다거나 달이차면 기운다(일음일양의 원리)는 것과 같은 논리를 뜻한다.

(정신)사회를 요구하게 된다. 이에 따라 세상은 자연스럽게 인문(정신)사회가 조성되는 것이다.

요컨대 중국의 한(漢)나라는 물질(경제)을 중시하는 사회였으나 당(唐)나라에 들어서는 정신(인문)을 강조하는 시대의 패러다임으로 변화했다. 이백과 두보, 백거이[24]와 같은 큰 시인들이 대거 나타난 것은 자연스런 예다. 우리나라의 경우, 여말선초와 중기까지 물질(경제)이 중시되는 사회에서 반전되어 후기까지 정신(도덕)을 중시하는 사회로 지속된 바 있다. 이러한 구조에서 또 다시 반전되어 오늘날까지 물질(경제)을 중시하는 패러다임 속에 있다. 물질에만 몰입(Think hard)하는 사이, 정신(인문)을 강조하기 시작한 것이 오늘날 인문학 열풍의 이유라 하겠다.

그러나 우리가 아무리 인문학을 주창해도, 인문학 도시가 정착되고 인문학적인 국가가 되기 위해서는 적어도 20~30년은 지나야 가능할 것으로 예측된다. 관성으로 인해 수없

---

24) 당대(唐代)의 대 시인 세 사람을 꼽으면 시선(詩仙)으로 불리는 이백(李白, 701~762)과 시성(詩聖)으로 불리는 두보(杜甫, 712~770), 논리와 개성이 풍부한 작품을 많이 남긴 백거이(白居易, 772~846)를 들 수 있다.

이 많은 시행착오와 저항하는 세력 또한 만만치 않기 때문에 명실상부한 정신(도덕)을 중시하는 인문사회가 되기에는 수많은 시간이 필요하다. 좌우간 이러한 본질(개념)을 꿰뚫지 못하고 "인문학", "인문학"을 외쳐 봐야 지극히 말단(현상)적이고 지엽적인 부분만을 가지고 접근하다가 시간만 허비할 가능성이 크다. '인문학 도시'는 물질(경제)적 도시에서 정신(도덕)적 도시로의 지향이다.

다시 한 번 강조하면, 태극에서도 일러주듯 패러다임은 도덕(정신)이라는 부분에서 경제(물질) 쪽으로, 경제는 다시 도덕(정신) 쪽으로 향한다(일음일양의 원리)는 점을 잊지 않아야 인문학의 본질을 이해할 수 있다. 도덕은 정신적 삶을 풍요롭게 하고, 경제는 물질, 즉 육체적 삶을 풍요롭게 한다. 두 가치가 공히 중요하지만 굳이 따지자면 도덕을 확립하는 일이 무엇보다 중요하다. 하지만 먹고 사는 문제, 즉 경제(물질)를 무시할 수 없기 때문에 육체적 삶이라고 하는 경제(물질)에도 관심을 갖는 것이다. 결론적으로 '인문학은 정신적 삶을 풍요롭게 하자는 것'이다.

## 좋은 마을에서 좋은 사람과 어울려야 잘 산다!!

오래전부터 사람들은 좋은 마을을 선호했다. 선현들이 인(仁)한 마을에 사는 것이 지혜라고 강조할 정도였으니 두말하면 잔소리다. 원숭이는 녹나무나 가래나무 따위에선 의기양양하게 움직인다. 그러나 산뽕나무나 탱자나무 같은 가시나무에선 부들부들 떨면서 조심조심한다.

좋은 마을에서 좋은 사람들과 함께 어울려 살 때는 자신이 어떻게 살아 움직이는지, 무슨 행위를 하면서 사는지 조차 인식하지 못할 정도로 무심하게 살아도 문제될 게 없다. 그러나 선뜻 마음이 맞지 않는 사람들이거나 예의(禮義)가 없는 사람들과 생활하게 될 때는 조심하게 된다.

원숭이가 가시나무 따위에서 조심하는 것은 그들의 타고

난 능력이 모자라서가 아니다. 예의 없는 사람들과 함께 있을 때 경직되는 것 또한 그 사람의 능력이나 됨됨이가 부족해서가 아니다. 환경이 움직임을 피폐하게 만드는 것이다. 그럼 좋은 마을과 좋은 사람들은 어디에 있을까?

## 때에 알맞는 지도자를 선출해야!!

옛날 지도자들 가운데 싸우지 않고도 지도자 자리를 물려받아 지도력을 훌륭하게 발휘한 경우가 있다. 어떤 지도자는 싸우지 않고 순순히 물려줬다가 조직 전체를 말아먹은 경우도 있다. 말하자면 어떤 경우는 싸우지 않고 물려줬는데도 조직이 건강하고, 어떤 경우는 싸우지 않았다가 망하는 경우도 있었다는 얘기다. 즉 싸움이나 사양하는 데에도 모두가 때와 예(禮)가 있다는 말이다. 다시 말하면 줘야 할 때와 주지 말아야 할 때가 있다는 말이다.

집의 마룻대와 들보 같은 큰 나무는 성벽을 쳐부술 때 유용하지만, 작은 구멍을 막는 데는 소용이 없다. 하루에 천리를 달릴 수 있는 훌륭한 준마(駿馬)라 하더라도 쥐를 잡는 데는 너구리나 살쾡이만 못한 경우가 있다. 부엉이는 밤에

벼룩을 잡을 정도로 세상을 훤히 헤아리지만 낮에는 눈을 아무리 부릅뜨고 난리를 떨어도 산이나 큰 언덕을 구분조차 하지 못할 만큼, 능력을 발휘하지 못한다. 모두가 때와 주변의 정서가 맞아야 한다는 얘기다.

이치가 이러함에도 일부 특정세력의 이로움을 위해 지도자가 되려한다면 이를 어떻게 하겠는가? 음(욕심)만을 쫓고 양(다수의 권리)을 무시하는 것과 같다. 이런 의도로는 도저히 뜻대로 되지 않는다. 그런데도 여전히 주장한다면 바보[25)]거나 속임수에 불과하다. 당대 풍습에 대한 패러다임 속에서 거역하려는 사람을 역사에서는 찬탈자라 하고, 시대의 조류에 부합하여 움직이는 것을 정의라 불렀다. 귀천과 대소가 유효적절해야 한다는 것이다.

예로부터 우리네 정서에서 인재를 발탁하는 기준은 다양

---

25) 오늘날에는 지능지수가 낮거나 또는 기대에 미치지 못한 행위를 할 때, 보통 '바보'라고 지칭하지만, 본래의 '바보'는 그런 의미가 아니다. 바보의 어원이 '밥보'에서 비롯된 것처럼, 눈만 뜨면 먹는 것만 찾는 이를 '밥보', 즉 '바보'라고 하는 것이다. 바보의 반대되는 말은 '심보'가 있다. 예로부터 선현들은 '밥보'를 키우지 말고 '심보'를 키우라 했는데, 오늘날에도 유효한 말씀으로 들린다.

했다. 간단하게 사람에 대한 판단을 보다 쉽게 하기 위해 '신언서판(身言書判)'의 원리를 가지고 이용하곤 했다. 서판(일종의 주객관적 시험)을 먼저 시험하고, 면접 비슷한 제도(신언)를 통해 과거의 행적이 정직하고 성실했는지를 살피는 것이다. 특히 지도력에 대한 자질을 논할 때는 지혜와 믿음, 인자, 용기, 엄격함 등이 존재하는지를 살폈다. 진실로 지도자감이 될 수 있는지를 본 것이다.

## 허가 없는 삶은 공허하다!!

가끔 사회현상을 통해 '허(虛)'를 생각한다. 노자[26]가 강조한 허(虛), '빔'이라 할 수 있고, '여유'라고 할 수도 있다. 일상에서 '허'의 예는 수도 없이 많다. 물 컵 하나만 봐도 그것이 물을 담아낼 수 있는 가치가 존재할 때, 존재의 의미가 있음을 인식한다. 말하자면 존재가 존재할 수 있어야 존재의 의미를 찾는 것이다.

'허'라는 개념, 사실 철학적인 개념을 떠나서라도 가까운 우리 주변에서 널리 활용되고 있는 것을 볼 수 있다. 우리와

26) 앞에서 공자를 소개할 때 두 가지의 어려움에 대해 기술했지만 노자(老子, B.C.570 추정~B.C.479 추정)에 대해서도 몇 마디의 글로 소개하기란 거의 불가능에 가깝다. 변화의 요구가 극심한 혼란의 시대에서 그는 도가(道家)를 창시한 사람으로 일컬어지며 불멸의 저서 『도덕경(道德經)』을 남겼다.

항상 함께하는 전기 기기를 보면, 주로 220볼트의 전압으로 사용하는 기기들로 이루어져 있음은 다들 알고 있을 것이다. 따라서 기기를 사용하기 위해선 220볼트의 전압이 필요함은 말할 것도 없다.

그런데 그 전압을 공급하는 전선의 절연체를 보면, 결코 220볼트에만 견디도록 설계되어 있지 않다는 것을 알 수 있다. 전선을 제작 단계부터 '허'의 개념을 적용, 이보다 훨씬 큰 전압인 600볼트의 전압까지 견뎌낼 수 있도록 설계하는 것이다. 우리가 늘 쓰고 있는 전선에 이처럼 '허'의 개념이 존재하는 것이다.

오늘날 없어서는 안될 필수품이 되어버린 자동차의 경우도 설계 단계에서 생산에 이르기까지 철저히 '허'의 개념을 적용해 생산한다. 예컨대 적재용량 15톤 화물자동차의 경우, 모든 부품의 요소마다 '허'의 개념을 적용하여 제작되기 때문에 실제 적재 능력은 30톤의 화물을 싣고 달려도 문제가 없도록 제작한다.

우리가 매일 이용하는 엘리베이터는 어떤가? 1톤의 승강 능력을 가진 엘리베이터는 실제 2톤 이상의 승강 능력이 되도록 설계 시공되고 있다. 만일 이러한 '허'를 두지 않고 시공한다면 어떻겠는가? 승강기를 지탱하는 동아줄(Wire)이며, 베어링 등에 피로도가 누적되어 기능을 상실, 사고로 이어지기 쉽다.

온 가족의 안식처로 불리는 집(요즘은 대체로 아파트지만)은 또 어떤가? 집 또한 짓기 시작하는 설계단계부터 '허'의 개념을 적용하기는 마찬가지다. 콘크리트와 철근의 혼합비, 배관의 정도, 수도의 용량, 창문의 수, 난방기와 냉방기 등의 모든 설비들이 기초설계단계부터 철저히 '허'의 개념을 적용하고 있는 것이다.

어디 이뿐인가? 미래의 주인공을 양성하는 학교에서도 '허'의 개념은 존재한다. 이를테면 중·고등학교 선생은 사범대 출신이 지도하는 것이 일반적이고, 대학의 선생은 석·박사출신이 지도하는 것이 일반적이다. 강의실의 규모와 지도할 수 있는 선생의 수, 학생의 수 등 모든 것이 '허'의 개념을 적용하고 있는 것이다.

입시시험이라든가 취직시험 등에도 '허'를 두고 공부하지 않으면 결과를 장담할 수 없으며, 자동차가 운행할 수 있는 도로와 운동을 할 수 있는 시설, 경쟁을 할 수 있는 경기장 등등 헤아리기 힘들 정도로 우리 주변은 '허'가 들어가지 않은 곳이 없다고 해도 과언이 아니다. 덕분에 세상이 이렇게 존재하는 이유다.

그러나 잘 찾아보면 '허'가 부족한 곳도 존재한다. 우리의 공직을 들 수 있다. 쉽게 얘기하면 지위, 즉 자리의 '허'가 부족한 경우다. 요컨대 국장의 능력이 있는 인물은 과장 직무를 맡아야 제대로 수행할 수 있는 법인데, 딱 국장 역량의 인물이 국장자리, 과장 역량의 인물이 과장자리를 차지하고 있는 경우다.

이처럼 '허'가 없는 인사들로 가끔 공직사회에서는 소요(騷擾)로 작용하기도 한다. 다시 말하면 대통령의 능력이 있는 인물은 장관자리, 장관의 능력이 있는 인물은 국장을, 국장의 능력이 있는 인물은 과장 직무를 맡아야 원활한 직무수행이 가능한데 이게 부족하다. 딱 맞는 옷을 입고 유연성을 확보할 수 있겠는가?

생활 속에서의 '허', 너무도 우리 가까이에서 숨쉬고 있다. 그래서 우리는 쉽게 그것을 지나치는지 모르겠다. 하지만 '허'가 없는 삶은 공허하다. 피곤할 수밖에 없다. 모두가 함께 사는 세상이다. '허'를 만들자. 아니 '허'를 기르자. '허'를 길러 사회를 유연하게 만들자. 그래야 진정 여민동락(與民同樂)[27]할 수 있다.

---

27) 여민동락(與民同樂)은 '백성과 즐거움을 함께하라'는 의미다. 희로애락(喜怒哀樂)을 백성과 함께해야 한다는 맹자(孟子)의 왕도정치 개념에서 비롯되었다. 오늘날의 위정자들이 많이 사용하고 있고, 청와대에도 백성과 함께 하겠다는 의미를 살려 여민관(與民館)이 있다.

## 평화를 원하거든 전쟁을 준비하라?

"평화를 원하거든 전쟁을 준비하라(Si Vis Pacem, Para Bellum)!!" 고대 로마의 전략가인 베게티우스가 주장한 말이다. 역설적이게도 '평화'를 위해선 전쟁도 불사할 수 있어야 한다는 논리다. 이에 '평화의 여전사'로 불리는 베르타 폰 주트너[28]는 이 같은 엉터리 논리를 비판하며 "무기를 내려 놓으라!!"고 외치고 다녔다. 그러나 세상은 그녀의 말을 비웃으며 역으로 거슬렀다. 얄궂게도 1차 세계대전은 발발했고, 4년간 지속된 전쟁으로 대략 천만 명 이상이 목숨을

---

28) 안락한 삶을 살던 베르타 폰 주트너(Berta von Suttner, 1843~1914)는 알프레드 노벨을 만나면서 생의 전환점을 맞이한다. 그로 인해 인류의 미래에 관심을 가지게 되었고, 그녀는 소설 『무기를 내려놓으시오!』를 저술함으로써 일약 유명인사가 되었다. 유럽 전역을 돌며 수많은 강연을 통해 세계평화를 주장하고 지지하였다. 노벨에게 평화상을 제안한 그녀가 아이러니하게도 1905년 그 공헌을 인정받아 노벨평화상을 수상하였다.

잃었다.

세상이 혼란해서인지 이성을 뒤로 하고 감성적인 판단에 따라 평화를 얻고자 하는 이들이 차고 넘친다. 때문인지 베게티우스가 언급한 "평화를 위해 전쟁을 준비하라"는 말이 적중되는 일도 흔해졌다. 모든 것은 춘추필법[29]에 따라 역사가 평가할 일이지만, 우려하지 않을 수 없는 일이 도처에서 벌어지고 있다. 토인비[30]의 '도전과 응전'이 새삼 떠오르기도 한다. 하지만 어떠한 경우라도 "평화를 위해 전쟁을 준비하라?"는 주장이 존재하는 한, 우리에게 희망은 파랑새일 뿐이다.

---

29) 춘추필법(春秋筆法)은 본래 공자(孔子)의 역사비판을 의미한다. 오직 객관적인 사실에 입각하여 기록하는 것을 원칙으로 한다. 이른바 '춘추직필(春秋直筆)'이라고도 하는데, 예컨대 공직에서 일어나는 일들 가운데 중요하게 지적될 수 있는 부분들을 누락시키지 않고 모두 기록함을 뜻한다.

30) 영국의 역사학자. 『역사의 연구』 저자인 토인비(Arnold Joseph Toynbee, 1889~1975)는 독자적인 문명사관을 제시한 학자로 유명하다. 유기체적인 문명의 주기적인 생멸이 곧 역사이며, 문명의 추진력이 고차문명의 저차문명에 대한 '도전'과 '응전'의 상호 작용에 있다고 주장했다.

# 과연 전생은 존재하는가?

나는 전생(前生)에 어떤 사람이었을까? 이런 생각은 누구나 한 번쯤 해봤을 것이다. 그런데 과연 우리의 전생은 있는 것인가? 없는 것인가? 동서고금을 막론하고 많은 철학자들이 이 문제를 가지고 고민들을 했고 지금도 여전하다. 이와 관련하여 서양의 철학자 가운데 플라톤[31]은 상기설(想起說)을 주장한바 있다. 그의 대표적인 저작 가운데 『국가』의 끝부분에 에리스(Eris)[32]라는 신화에 이런 내용이 나온다.

---

31) 고대 그리스의 대표적 철학자 가운데 한 사람이다. 30여 편에 달하는 대화록을 남겼다. 주요 저작을 보면 『국가(Politeia)』, 소크라테스의 『변론(Apologia)』, 『크리톤(Kriton)』, 『고르기아스(Gorgias)』 등이 있으며, 저작의 내용에서 이데아론(형이상학)과 국가론 등은 서양철학의 정점으로 평가받는다.

32) 그리스 신화에 등장하는 불화의 여신이다. 트로이 전쟁에 관한 이야기로 잘 알려져 있다. 망각의 화신 레테를 낳았다.

우리의 혼이 육체를 덧입고 이 세상에 태어날 무렵, 불볕이 내리쬐는 긴 들판을 건너야 한다. 물도 없는 그 들판이 다 끝나갈 즈음 강이 하나 나타나는데, 그것은 레테(Lethe)강이다. 그 강물을 마시자마자 우리의 영혼은 과거의 기억을 모두 잊어버리게 된다. 모든 혼이 육신으로 다시 태어날 무렵 어쩔 수 없이 마시게 되는 이 강물로 인해, 우리는 전생에 대한 모든 기억을 잊어버린 채 이 세상에 태어난다.

이 세상에서 후천적인 교육을 받거나 경험을 통해 잊어버렸던 전생의 기억을 되살리게 된다. 다시 말해 우리가 이 세상에서 무엇을 배운다는 것은 새로운 내용을 알아가는 것이 아니라, 이미 전생에서 알고 있었던 것을 다시 기억하는 것일 뿐이다. 지식이 곧 상기(想起)인 셈이다. 말하자면 참 실재를 상기하여 진리의 세계에 도달코자 하는 것이다. 그리스어로 진리를 'aletheia'라는 것은 음미할 만하다.

여기서 'a'는 부정을 나타내는 접두사이기 때문에 'aletheia'는 비망각(非忘却) 상태를 의미한다. 즉 이 용어가 바로 레테신화와 관련되어 있는 것이다. 이 상기설은 플라톤의 영혼불멸설(靈魂不滅說)을 증명하는 데에도 이용된다. 즉 상기설을 받아들인다면, 그 자체로서 우리의 영혼이 전생에서도 살아 있었다는 증거가 되며, 따라서 육체가 없어지는 후생(後生)에서도 살아 있을 것이라는 추리가 가능한 것이다.

# 주나라 정치, 대동과 소강사회!!

## 제도에 의한 인치(人治)

따지고 보면 사람의 삶도 얼마간 엔트로피 법칙[33)]에 적용되곤 한다. 적어도 지금의 세상엔 그렇다. 갈수록 개판이 되어가고 있다. 그래서 선현들은 싸가지(인륜도덕)가 없는 세상이라 탄식한 모양이다. 요즘 세상 바라보는 식으로 보면 즉각 반증된다. 물론 싸가지가 없다고 싸가지가 있는 세상으로의 회귀를 바라는 부류가 세상을 주도하면 정신을 추구하는 세상이 되곤 했지만 여전히 엔트로피 법칙의 구도

33) 본질적으로 열역학 제2법칙인 엔트로피 법칙(entropy law)의 의미는 다음과 같이 규정할 수 있다. '우주 안의 모든 것은 일정한 구조와 가치로 시작해서 무질서한 상태로 나아가며, 이 방향을 역으로 되돌리는 것은 불가능하다'는 것이다.

에서 벗어나지 못한다. 제도의 정치와 대동과 소강사회를 보자.

애공이 정치에 대해 묻자, 공자가 답하길 "문왕과 무왕의 정치는 방(方)과 책(策)에 기록되어 있으니, 그러한 사람이 있으면 그러한 정치가 이루어지고, 그러한 사람이 없으면 그러한 정치는 종식된다. 사람의 도(道)는 정치에 민감하고 땅의 도는 나무에 예민하니 무릇 정치란 창포와 갈대 같은 것이다. 그러므로 정치를 하는 것은 사람에게 달려 있으니, 사람을 취하는 데는 몸으로서 할 것이요, 몸을 닦음에는 도로서 할 것이요, 도를 닦음에는 인(仁)으로서 해야 한다."[34]

여기서 주의해서 봐야 할 것은 공자가 '정치는 사람에 달려있다' 하여 정치에는 마치 제도가 필요 없다는 식으로 봐서는 안 된다는 점이다. 공자는 주나라 정치의 폐단을 구하려 한 것이며, 그것을 방책(方策 : 정사의 기초가 적혀 있던 전적)과 함께 없애 버리려 한 것이 아니라는 것이다. 그의 정치

34) 『중용』 제20장 : 哀公問政, 子曰, 文武之政, 布在方策, 其人存, 則其政擧, 其人亡, 則其政息. 人道敏政, 地道敏樹, 夫政也者, 蒲盧也. 故爲政在人, 取人以身, 脩身以道, 脩道以仁.

사상은 "주(周)나라를 따르겠다는 것과 인(仁)을 숭상한다."는 두 가지 주장이 핵심이다. 이는 상호 배척이 아닌 보완적이다. '주나라의 문화를 찬미'했던 것을 볼 때 알 수 있다.

말하자면 공자는 '주'나라의 도(道 : 문화)가 훼상되는 것을 애석하게 여겨 인치(人治=仁治)로서 방책의 폐단을 구하고자 했던 것이다. 또 '군자'를 강조한 것을 두고 인치로서 법치를 대체한 것으로 잘못 이해하는 경우가 있으나 공자는 오히려 법치 속에서 인치를 덧붙인 것으로 해석하는 것이 옳다. 따라서 후세 사람들이 인치와 법치를 대비시키고 서로 용납할 수 없는 두 개의 방법이라 오인하여 공자가 마치 제도를 버리고 인륜도덕에만 힘썼다고 주장하는 것은 오해다.

## 대동(大同)과 소강(小康)사회

대도(大道)가 행해지던 때 천하는 공공의 것이었다. 임금이 된 자는 어질고도 유능한 자를 가려서 그것을 전수했다. 신의를 강명(講明)하고 화목하게 하는 길을 닦았다. 그러므로 사람들은 홀로 그 어버이만을 친애하지 않고 홀로 그 자식만을 자애하지 않았다. 늙은이로 하여금 안락하게 수명을 마칠 수 있게 하고, 장년의 사람은 그 힘을 발휘하게 하며, 어린이는 건전하게 자라날 수 있고, 홀아비, 과부, 고아나 자식이 없는 사람, 불구자 등도 모두 충분히 그 몸을 기르게 했다.

남자는 일정한 직분이 있고, 여자는 시집갈 곳이 있었다. 재화(財貨)가 땅에 버려지는 것을 싫어하지만 반드시 자기를 위해서 사사로이 취하거나 감추지 않았다. 힘이 그 몸에서 나오지 않는 것을 싫어하지만 반드시 자기 한 몸만을 위하지는 않았다. 이와 같기 때문에 간특한 계략이 폐색(閉塞)되어 일어나지 못하고, 도적(盜賊)과 난적(亂賊)이 절멸하여 일어나지 못했다. 그렇기 때문에 사람마다 대문을 잠그지 않게 되었다. 이것을 이른바 대동사회(大同社會)라 일컫는다.

이제 큰 도는 숨어서 행해지지 않는다. 천하(天下)는 집을 위해서 있게 되었다(임금이 나라를 어진 이에게 전하지 않고 자기 자손에게 전하는 세상을 뜻함). 사람들은 저마다 자기 어버이만을 친애하고, 자기 자식만을 사랑할 뿐이었다. 재화를 거두는 것도 힘을 내는 것도 모두 자기 한 몸만을 위해서였다. 군주는 세습으로 전하는 것을 예로 삼고 성곽을 쌓고 못을 파서 방비를 강하게 하였다. 예의를 만들어 나라의 기강을 삼아 군신 사이를 바르게 하고, 부자 사이를 돈독케 했다.

형제 사이를 화목하게 하며, 부부 사이를 화합하게 했다. 제도를 만들고 마을을 세우고 용맹과 지혜를 숭상하고 공업을 세우는 것도 자기만을 위해서였다. 그러므로 계략은 이것을 위해서 일어났으며, 병혁(兵革)도 이것에 의해 일어났다. 이때를 당하여 우·탕·문·무·주공은 예의(禮義)로 세상을 교화하였으니, 이것이 삼대(三代)의 영명한 선택이다.… 이것을 이른바 소강사회(小康社會)라 한다. 대동사회와 소강사회를 지나온 지금, 과연 우리는 어떻게 세상을 변화시킬 것인가?

## 무식하면 용감하다?

『장자』에 다음과 같은 말이 있다. "당신은 사마귀를 아는가? 그는 팔뚝을 휘둘러 수레에 맞선다. 제 힘으로 감당할 수 없음을 모른다. 이런 것을 자기 재능의 훌륭함을 자랑한다고 하는 것이다. 경계하고 삼가야 한다. 자신의 훌륭함을 자랑하여 상대방에게 거역하면 위험하게 된다."[35]

사마귀는 사람의 눈으로 보면 매우 특이한 곤충 가운데 하나다. 수레가 와도 피하지 않고 버틴다. 아니 두 팔을 번쩍 들어 덤빈다. 그래서 잘 깔려 죽는다. 이 녀석은 사람이 건드려도 마찬가지다. 피하기는커녕 사람을 향해 위협도 불사하며 싸울 태세를 갖춘다. 그래서 종종 맞아 죽는다.

35) 『莊子』, 「人間世」 : 汝不知夫螳螂乎. 怒其臂以當車轍. 不知其不勝任也. 是其才之美者也. 戒之愼之. 績伐而美者以犯之, 幾矣.

사마귀는 자신의 처지는 아랑곳 않고 자신의 재능이나 용감성만 믿고 덤빈다. 그래서 제대로 된 상대를 만나면 한 방에 맞아 죽기도 하고, 깔려 죽기도 한다. 사람도 주의해야 한다. 자신의 힘만 믿고 상대를 깔보는 경우다. 힘 있는 사람을 만날 경우, 무참히 당할 수 있음을 인식해야 한다.

# 우리는 부자인가? 그리고 편안한가?

조금 촌스럽긴 하지만 수원(首元)왕국은 나름 규율과 방식에 따라 전통적인 삶을 살아가고 있었다. 수원은 아주 따뜻한 파라다이스로 자연이 주는 선물로 매년 거둬들이는 것이 너무도 많아 한 마디로 먹고 사는데 걱정이 없는 그런 나라다. 그러나 수원 사람도 사람인지라 그들이 필요로 하는 최소한의 곡물은 직접 경작을 통해 생산물을 얻는다. 주로 빵나무 열매 생산이 그것인데, 이 때문에 약간의 토지를 각각 소유하고 있다. 돈과 섹스를 제외하면 아쉬울 게 별로 없는 왕국이다.

시간이 흐르자, 수원 사람들은 의회라는 제도를 만들기로 했다. 한 달에 한 번 소집하여 왕국의 현안을 논의하고 결정하는 기구였는데, 모든 결정은 전원합의에 의한다는 게

특징이었다. 그들은 그것이 가장 좋은 제도로 판단했기 때문이다. 어느 날, 모든 것을 공동으로 생산, 공동으로 소유하자(균등분배 : 개인의 사정에 따라 일부 차등화 인정)는 안건이 의회에 제출되었다. 일찍이 경험을 못한 터라 수원왕국은 일대 소란이 일었다. 철학자가 수원왕국을 방문한 이후 벌어진 일이다.

의회에서는 이 안건을 심도 있게 논의했지만 결국 부결되었다. 한 원로는 "생산물을 모두 한 곳에 모아두고 균등하게 나누어 가진다면 누가 농사를 열심히 짓겠는가? 지금처럼 열심히 일하면, 일한 만큼 그 성과를 얻는 지금의 제도가 훨씬 공평하다"고 주장했다. 별로 어려울 것 없이 살아온 수원 사람들은 그 원로의 주장이 설득력이 있다고 여겨서인지 지지하는 이들이 앞을 다투었다. 이렇게 해서 철학자의 제안은 무산되고 기존의 제도를 가지고 그들은 그렇게 살아갔다.

철학자의 방문 이후, 한바탕 소란 끝에 안건이 부결된 수원은 한동안 조용했다. 그렇게 시간은 흘러 수원왕국은 아주 소란하게 되었다. 농업환경이 많이 달라진 것이다. 갑자기 기후가 변하고 토지 또한 메말라 가기 시작했다. 경험해 보지 못한 일들이 속출하자 사람들은 몸 둘 곳을 찾지 못했다. 겨우 연명할 정도의 생산물에 의지할 뿐, 예전의 그 풍족함을 찾아볼 수 없었다. 다만 샘이 나는 운 좋은 토지를 소유하고 있는 사람들만이 예전처럼 풍족한 생활을 할 수 있었다.

운 좋은 사람들은 대략 5퍼센트 정도였지만, 그들은 토지에서 다른 사람들과 비교가 안될 만큼 많은 소출을 올릴 수 있었다. 필요 이상의 생산물로 인해 부(富)가 확대 재생산 되면서 그들은 이제 생산량이 기하급수적으로 늘어만 갔다. 수원왕국의 사람들은 대다수가 노동자로 전락하고 먹을 게 적어지면서 아이들은 굶주리거나 질병으로 고통받는 이들로 넘쳐났다. 다수가 "모든 생산물이 골고루 나누어지면 얼마나 좋을까"를 기대하는 세상이 되었지만 환경은 쉽게 바뀌지 않는다.

과거 모두가 마음 편하게 살던 사람들이 어느덧 사용자와 노동자의 환경으로 확연히 갈리게 되었다. 사용자는 편안한 마음으로 예전과 크게 다르지 않지만, 노동자들은 더욱 열심히 일해도 겨우 빵나무 열매 몇 개를 받아 연명하는 신세다. 수원의 사람들은 과거 철학자가 주장했던 안건을 떠올렸다. 그리고 사회의 시스템에 대해 진지하게 논의하기 시작했다. 마침내 철학자의 주장을 안건으로 다시 제출하고, 과거와 달리 토론은 격렬히 이어졌다. 입장이 완전히 달라진 것이다.

그러나 부자들은 '식량을 균등하게 나누어 보았자 별로 돌아갈 몫이 없을 거라고 강변'하기 바쁘다. 또한 이전의 원로가 주장한 것처럼 기득권자들은 '자기 노동의 대가를 온전히 받을 수 없다면 누가 농장에서 열심히 일하겠는가?'를 반복한다. 이런 상황에서 올라온 안건을 처리해야 하는 수원의회는 어떻겠는가. 쉽게 합의에 도달하지 못한다. 부자(기득권자)들이 쉽게 동의할 리 없기 때문이다. 이에 따라 가난한 사람들은 더욱 가난하게 되고, 부자들은 더욱 부자가 되고 있다.

여기서 우리는 철학자의 주장이 타당한지 부당한지, 원로의 주장이 유의미한지 무의미한지 고민할 필요는 없다. 양측의 주장과 논리가 어떻든 분명한 것은 빈부의 차가 극단으로 치달을 때 갈등이 비롯된다는 사실이다. 때문에 이 갈등을 조정하고 정리해야 하는 위정자들은 크게 각성해야 한다. 그것이 양측의 장점을 수렴한 중용적 정치가 되었든, 일반의지를 통해 얻은 힘에 의한 정치가 되었든 절대 다수가 편안한 마음을 가지고 살게 된다면 그곳이 곧 파라다이스일 것이다.

# 폭력의 상호관계?

## 라이오스와 오이디푸스

테베왕의 아들인 오이디푸스(Oedipus)는 아버지를 죽이고 어머니와 혼인할 것이라는 신탁 때문에 태어나자마자 버려진다. 코린트의 왕에 의해 거두어져 성장한 오이디푸스는 예언에서 벗어나기 위해 고국을 떠나 여행하던 중 길 위에서 사소한 일로 한 행인과 싸우다가 그를 죽이게 된다. 살해당한 사람이 그의 아버지인 라이오스(Laios)왕이지만 그는 그 사실을 까맣게 모르고 산다.

테베의 사람들을 괴롭히던 괴물 스핑크스의 수수께끼를 맞춤으로서 스핑크스를 죽게 하자, 감사의 표시로 테베 주민들은 오이디푸스를 왕으로 맞아들이기로 선포하고, 오이디푸스는 여왕인 이오카스테(Iocaste)와 혼인한다. 신탁은 실현되었다. 태평을 구가하던 테베가 페스트가 창궐하여 많은 사람이 죽자, 그는 신이 분노하여 그렇다고 생각하고 라이오스의 살해자를 찾기로 결심한다.

그리고 꼼꼼한 조사 끝에 바로 자기 자신이 범인이라는 것을 알게 된다. 엄청난 비극 앞에서 왕비 이오카스테는 목을 매고, 오이디푸스는 자기 눈을 찔러 스스로 장님이 된다. 그리고 딸 안티고네의 손에 이끌려 광야를 헤맨다. 모든 것을 다 가진 것으로 여겨졌던 오이디푸스는 모르고 있던 사실을 알게 됨으로써 한순간에 운명이 뒤바뀌어 왕에서 눈먼 거지 신세로 떨어졌다.

## 폭력의 상호관계

『오이디푸스』의 저자인 소포클레스는 오이디푸스에게 욕망과 의혹의 모든 행위들 중에서 어떤 점이 아버지와 동질적인가를 확인하려 한다. 오이디푸스가 파멸을 초래하게 될 수사(rhetoric)에 대해 무분별하게 접근하는데, 그것은 왕국의 어디엔가 암살자, 다시 말해 테베의 왕권과 이오카스테

(Iocaste)의 침대를 차지하고자 하는 또 다른 남자가 숨어있다는 주장이 부친과 동일한 구조를 확인한다.

결국 오이디푸스가 라이오스를 죽이지만 애초에 오이디푸스를 죽이려 했던 사람은 바로 라이오스였으며, 친부 살해의 현장에서 오이디푸스를 향해 먼저 팔을 올린 사람도 라이오스였다. 구조적으로 이 친부살해는 상호폭력에 해당된다. 보복의 세계에서 이것은 하나의 보복일 뿐이다. 소포클레스가 해석하는 바대로 오이디푸스 신화 속에서 모든 남성들의 관계는 상호 폭력의 관계를 띠고 있다.

이를테면 '신탁에 의해 영감을 받은 라이오스는 오이디푸스가 테베의 왕위와 이오카스테의 침대 사용권을 빼앗길까 두려워 폭력으로 내쫓는다', '신탁에 의해 영감을 받은 오이디푸스는 라이오스를, 다음은 스핑크스를 폭력으로 물리치고 그 자리를 차지한다', '신탁에 의해 영감을 받은 오이디푸스는 자신의 자리를 차지하려고 꿈꿀지도 모르는 또 다른 어떤 남자의 파멸을 계획하는 것' 등이다.

### 이성의 기능으로 돌파할 때

다시 간략하게 라이오스와 오이디푸스의 관계를 보면, 상호 대립하는 '폭력관계'임을 알 수 있다. 분노한 오이디푸스는 경쟁자를 탈신비화(demystifier) 하려고 온갖 계책을 만들어 낸다. 일례로 가짜 예언자에 불과하다는 것을 증명하여 왕권과 이오카스테 침대의 사용권을 지속하려 애쓴다. 폭력의 한 단면일 따름이지만 주저하지 않는다. 폭력은 가족뿐만 아니라 사회에서도 그대로 적용된다.

권력을 취하기 위해 온갖 악랄한 방법들이 동원되는 것을 보라. 도덕과 윤리 따위는 아랑곳없다. 자신의 존재만 부각시키기 바쁠 뿐, 상대를 배려하려는 자세는 좀처럼 찾아보기 어렵다. 무엇이 이토록 졸렬한 사회가 되도록 하는 것인가? 엔트로피 법칙(entropy law)이라 치부하기엔 너무도 각박하다. 이성의 기능(function of reason)을 명확히 인식하여 상생할 수 있는 폭력을 구사하면 어떨까?

나무에선 물(水)이 오르고, 질병을 막아내기 위해 불(火)은 내려가기도 한다. 또 물고기가 상류로 향하는 행태는 이성의 대표적 기능들이다. 생명이 있는 모든 것은 이처럼 역행하려 한다. 자연에 순응하면 살고 역행하면 살아남지 못한다고 하는 말은 바로 이성의 기능을 두고 하는 말이다. 순응과 역행이 상호 대립관계이지만 특히 생명력은 이성의 산물이다. 역설적이게도 반역(反逆)이 필요하다.

# 우리 사회의 경쟁에 대한 단상!!

## 참을 수 없는 존재의 가벼움

참을 수 없는 존재의 가벼움. 밀란 쿤데라의 소설 제목이기도 하다. 그런데 한편으로 보면 현대인들은 참으로 진지하고 무겁게 보인다. 심각할 정도로 진지하고 심각할 정도로 무겁다. 물론 그 진지함의 대상이 다르기는 하지만, 여하튼 현대인들은 경쟁(競爭)에 대한 진지함으로 똘똘 뭉쳐있다. 때론 한 치의 허점이나 오점도 용납하지 않을 만큼, 섬뜩할 정도로 진지하기 짝이 없다.

경쟁, 그 자체가 꼭 문제가 되는 것은 아니다. 문제는 정신적인 선의의 경쟁, 즉 의리(義利)의 경쟁이 아닌 물질적 경쟁, 즉 경제적인 경쟁에만 치우쳐 있다는 게 문제라면 문제다.

가까운 예로 자신의 육체를 꾸미는데 있어서의 진지함을 보자. 세상에서 두 번째라면 서러워할 정도다. 우리의 성형외과 의사는 이미 세계적으로 그 기술력을 인정받고 있는 것을 보면 이해하고도 남을 만하다.

하지만 내면을 보면 거의 무게감을 상실해 가고 있다. 알베르 카뮈는 현대인들의 삶을 '시지프스의 노동'에 비유한 적이 있다. 무거운 바위를 산 위로 올리면 굴러 떨어져서 다시 올리는 시지프의 노동 같은 삶이 반복되고 있다는 것이다. 실제로 자신의 존재가 삶의 가치를 얼마나 차지하고 있는지에 대한 진실한 고민은 없이 오직 자신의 행복만을 위해 물질적 경쟁이 지속되는 것은 안타까운 일이다.

요컨대 대학 입학을 위해, 취직과 취업을 위해, 승진을 위해 끊임없이 경쟁에 뛰어 들고 있다. 그러나 이러한 도식으로는 미래의 행복을 보장하기보다는 오히려 계속 행복이 뒤로 미뤄질 수밖에 없다. 경쟁은 새로운 경쟁을 낳기 때문이다. 시지프스의 노동에서 벗어날 수 있는 것은 어디선가 그 악순환의 고리를 끊어야만 한다. 자신의 삶에 대한 성찰만이 거대한 바위로부터 탈출할 수 있다.

## 의리(義利)란 무엇인가

우리의 전통사상은 인간의 도덕성을 신뢰하는 기반위에서 참된 인간의 도리를 사회에 실현하고자 한다. 성선(性善)에 대한 확고한 신념을 전제로 개인적으로는 지속적인 수양을 통하여 인격을 완성하고, 사회적으로는 평화공존의 '대동사회(大同社會)'를 지향한다. 이러한 인간의 본질에 대한 올바른 인식과 가치판단을 갖고 구체적인 현실에서 상황에 알맞는 인간의 도를 실천하고자 하는 것이 의리다.

올바른 의리의 실천을 위해서는 확고한 자기 인식이 전제되어야 한다. 인간의 내면에는 본성에 대한 참된 인식이 자신에 머물지 않고 만인과 소통할 수 있는 보편적 세계가 있기 때문에 타인과의 조화, 더 나아가 만물과 공존할 수 있는 경지로 나아간다. 이러한 상호공존의 존재 근거를 올바르게 인식한 참된 자신은 어느 누구의 자주성도 침해하지 않는다. 의리사상은 공동체 의식이 담겨있는 것이다.

인간은 정신과 육체를 함께 갖추고 있다. 따라서 생리적 차원에서는 '물질적 가치'가 도덕적 차원에서는 '정신적 가치'가 요구된다. 또한 현실에서는 가치 체험이 동시에 일어날 때, 갈등이 야기되고 가치의 서열과 체계의 문제가 나타나기 쉽다. 그리고 육체적 욕구의 성향에서는 가치의 강약(强弱)문제가 나타나지만, 도덕적 정신의 성향에서는 가치의 고저(高低)의 문제가 나타나는 것이 일반적이다.

즉 정신적으로 높은 가치는 일상에서 물질적 욕구가 약하게 체험되기 쉽지만, 낮은 가치는 물질적 욕구가 강하게 체험되는 것이 일반적인 현상이다. 따라서 도덕적으로 바르게 한다는 것은 일상생활 속에서 물질적 욕구가 강하게 체험되는 가치를 물리치고 정신적으로 높은 가치를 실현하려는 태도가 요구된다. 현실에서 강하게 체험되는 육체적 욕구를 극복한다는 것은 그만큼 어려운 일이기 때문이다.

### 현대사회와 의리(義利)

정신적 가치인 의(義)와 물질적 가치인 리(利)에 대한 가치판단과 선택의 문제는 의리실천의 선결문제다. 따라서 의리사상에서 이 두 가치의 분별을 매우 중시할 수밖에 없다. 이는 의리를 중시하는 가치관에는 물질적 가치가 적당히 충족

되어야 하며, 물질을 강조하는 가치관에는 도덕적 가치가 충분히 보충되어야 한다. 이는 의리사상의 궁극적 목표가 바로 '물질세계와 정신세계의 조화'이기 때문이다.

이러한 의리사상의 본질을 무시하고 지나치게 정신적 도덕만을 강조하는 경쟁에 몰두한다면 경제적 실용성을 외면하고 산업발전의 저해요소로 작용할 수밖에 없기 때문에 의리사상의 본질이 될 수 없다. 이와는 반대로 지나치게 물질적인 경쟁에만 몰입한다면 이 또한 고유한 인간성을 상실하고 물질이 인간의 삶의 목표가 되는 가치 전도현상이 일어나 결국 시지프의 노동에서 벗어날 수 없게 된다.

과학기술을 바탕으로 하는 현대사회의 근본적 가치관은 이(利)를 중심으로 하는 가치의식이 정초되어 있다. 개인과 사회, 국가와 민족의 관계에 있어서도 가장 기본적인 문제는 자신의 이익을 위한 실리추구에 있다. 물질이 극에 달해 가는 이른바 경제적 인간관을 이상으로 삼을 정도다. 그러나 이러한 경제적 실리를 중심으로 한 가치관은 동시에 새로운 모순과 갈등으로서의 병리를 유발하기 쉽다.

정신세계와 물질세계의 조화를 지향하는 의리사상에서 두 가치가 대립할 때, 선현들은 정신세계에 더 가치를 두었다. 이는 물질적인 부분에 무가치성을 의미하는 것이 결코 아니다. 경제적 기반의 중요성을 충분히 인식하고 공감하지만 보다 값진 삶을 위해서 도덕적 인격성에 더 비중을 둔 것이다. 이러한 정신의 우선적 가치는 물질이 만능으로 치닫는 현대사회의 제 문제들을 극복할 수 있는 원동력이다.

### 전인교육(全人敎育)으로 돌파할 때

일찍이 다니엘 디포우가 언급한 것처럼, 서양의 문화는 '개인중심'에 의하여 이루어진 것이며, 자연을 정복하여 오직 '나' 하나만을 위한 인간과 그 인간에 적합한 합리주의적 사고를 지향해 나가는 이른바 개체주의적 문화라 할 수 있다. 이와는 달리 동양문화는 '나'라는 존재에 앞서 '타인'을 배려할 줄 아는 공동체 성격이 강한 농경중심의 문화다. 이는 자연을 대하는 것에서도 확연히 다르다.

개인 중심의 사고는 공동체의 삶을 생각하기에 앞서 타인에게 뒤지지 않으려고 하는 경쟁심리가 당연히 뒤따를 수밖에 없다. 이는 개인 우월의식에서 촉발되는 전쟁과 자연을 정복의 대상으로 삼은 결과, 각종 환경파괴와 오염이 전 지구적 차원의 문제로 나타났다. 자연에 대한 경외심이 강한 동양문화는 이제 문명의 주체가 될 후진들에게 모든 것을 타개해 나갈 수 있도록 전인교육이 필요하다.

우리의 전통사상에서 교육에 대한 이념은 인륜을 밝히는 인간교육과 균형 잡힌 전인교육에 중점을 두어 왔다. 이는 순수한 인간의 본질과 보편적인 인간의 존엄성에 대한 신뢰를 바탕으로 인간의 주체성을 밝히고 정의로운 사회를 실현하려는 이념이다. 즉, 우리의 전통사상이 논리적이고 분석적인 이론과 지식보다는 도덕적인 인격수양으로서의 실천교육에 더 큰 의미를 부여한 것이다.

현대사회에서 성장과 발전이라는 미명하에 과도한 경쟁의 결과, 심하게 손상된 것이 바로 전인교육이다. 이제 더 이상 지식 일변도의 교육이 되어서는 곤란하다. 올바른 인격으로 연마된 인간만이 현대문명이 안고 있는 병폐를 극복할 수 있다. 도덕적 심성을 바탕으로 지적 창의성, 예술적 감각, 사회적 공존의식 등이 균형 있고 조화된 인간교육만이 시지프스의 노동에서 해방될 수 있을 것이다.

# 부메랑!!

'부메랑'은 원래 호주의 서부와 중부의 원주민들이 주로 사용했던 무기라고 한다. 주지하듯 이 무기는 기역 자 모양의 나무 막대기로 만들어졌는데, 빙글빙글 회전하면서 날아간다. 목표물을 맞히지 못하면 원을 그리며 던진 사람에게 되돌아오게 되는데, 부드럽게 생긴 모양과는 달리 상당한 위력이 있어서 사냥할 때나 경우에 따라선 전쟁에서 무기로 사용되었다고 한다.

던지면 다시 던진 사람에게 되돌아오는 것을 우리는 보편적으로 '부메랑'이라고 말한다. 그러나 이때의 '부메랑' 의미는 본래 가지고 있는 '부메랑'의 의미와는 다소 차이가 있다. 즉 본래의 '부메랑'은 매우 긍정적인 것이지만, 우리가 일상에서 쓰는 '부메랑'은 사실 그 반대의 의미를 가지고 쓰는 일이 많다. 말하자면 자신이 했던 일이 업보로 작용하여 벌을 받을 경우, 이 말을 쓰곤 한다.

요즘 세상 참 편해졌다고 한다. 역설적으로 표현하면 세상 참 복잡해졌다고도 할 수 있는 말이다. 과거에 몇 년에 걸쳐서 하던 작업들을 요사이는 불과 며칠 안에 뚝딱 해치우는가 하면, 교통수단이 하루가 다르게 변화하여 이젠 어지간한 거리는 한나절이면 접할 수 있게 되니 그렇게 표현해도 무리가 없어 보인다. 모든 것이 엄청난 속도로 우리의 생활환경을 바꿔가고 있으니 더 말해 무엇 하겠는가.

그래서 그런지 요즘 사람들은 점점 더 가벼움만 추구하는 듯한 모습이다. 도대체 복잡하고 고민스러운 것은 아예 관심조차 없어 보인다. 이는 시대의 리더들도 예외가 아니다. 조금 어려운 작업이라든가, 혹은 희생이 따를 만한 일은 피하려고만 하지, 그러한 것들에 관해 적극적으로 고민하고 해결할 방도를 찾으려 하는 모습을 보기 어려운 것은 우리 현 사회의 병리현상과 무관하지 않아 보인다.

글을 읽는 것도 마찬가지다. 지극히 가볍고 말초적인 것들만 선호하고, 고민과 인내를 요하는 역사(歷史)에 관한 글이라거나 이를 바탕으로 한 고도의 합리적 판단을 요하는 철학적(哲學的)인 글들은 아예 거들떠보려고도 하지 않는다. 오히려 자신의 삶과 전혀 관계없는 것으로 치부하고 비판하지 않으면 다행일 정도다. 주변의 사람들이 온통 가벼움만 추구하다보니 이러한 현상을 낳은 것일 게다.

사람이 세계관을 제대로 옹립하고 존립하기 위해선 적어도 문학 관련 저술 300권 이상, 역사 관련 200권 이상, 철학 관련 100권 이상을 섭렵해야 한다는 말들을 한다. 필자는 요즘 이 말이 그 어느 때보다 절실히 들리고 있다. 결코 빈말로 들리지 않는다. 요즘처럼 가벼움만 추구하는 시대에서 전혀 어울릴 것 같지 않은 이 말이 필자에게는 더욱 절실하게 다가오고 있으니 긴장하지 않을 수 있겠는가?

세상은 점점 쉬운 세상으로 가고 있다고 사람들은 쉽게 또 가볍게 말한다. 그러나 이는 앞에서도 언급했지만 역설(paradox)적으로 표현하면 세상은 점점 더 복잡하고 힘든 세상으로 가고 있는 것으로 이해하는 편이 적절할 것이다. 말하자면 세상은 우리에게 점점 더 복잡하고 고도의 지적 수준을 요하는 세상으로 가고 있으니, 보다 철저히 대비하라는 메시지로 받아들여야 한다는 얘기다.

그럼에도 우리는 지금 온통 가벼움만을 추구하고 있다. 그것이 때가 되면 '부메랑'이 되어 우리를 옥죌 것임에도 아랑곳 하지 않는 모습들이니 환장할 노릇이다. 하루하루 끊임없이 고민하고 매달리지 않으면 우리는 우리가 던진 '부메랑'에 결국 맞아 죽고 말 것이다. 가볍고 편한 것만을 추구하는 사람들, 가장 가볍고 가장 빠르게 '부메랑'이 되어 돌아올 것이라는 사실을 잊지 말아야 한다.

## 시대의 리더들이여! 예의 세상을 만들자!!

시대의 리더가 되었든 학자가 되었든 추구하는 목표는 결국 '예(藝)의 경지'에 이르고자 하는데 있다. '예'의 경지는 도덕(道德)의 경지요, '도덕'이 완비된 경지는 '인(仁)'이 활성화된 세상이다. 선현(先賢)들이 '행할 것은 도'라 이르고, '행하여 얻은 것은 덕'이라 이르며, '도와 덕'이 구비됨을 '인'이라 강조한 것도 이와 같은 목표의식 때문이다.

시대의 리더는 예로부터 정치인으로 규정했다. 지위에 따른 직무영역이 다를 뿐이지, 확이충지(擴而充之)하고자 하는 마음은 다르지 않다. 따라서 '도'는 '인도'를 실천해야 하고, 그것을 끊임없이 쌓아 '덕'으로 전환시켜야 한다. '도'와 '덕'이 완비되면 자연스럽게 '인(仁)한 환경'에서 '예'를 뽐내면서 놀 수 있다. 리더들이 눈을 크게 떠야 하는 이유다.

# 갈등은 또 다른 호기다!!

## 갈등을 어떻게 할 것인가

직장인들은 매일 아침이면 전쟁터와 같은 사회에 몸을 던진다. 출근전쟁, 교통전쟁, 관계사 내지는 민원인들과의 전쟁, 동료들과의 능력전쟁 등 이루 헤아릴 수 없을 만큼 전쟁을 하며 산다. 전쟁에서는 때로 규칙도 필요 없다. 목소리 크고 힘센 놈이 최고다. 그래선지 직장에서 능력 없는 놈은 언제 잘려 나갈지 모른다.

제6회 동시지방선거를 치르고 있는 지금, 우리 사회는 어떤가? 대립과 갈등, 투쟁이 말로 표현하기 어려울 만큼 이어져 오고 있다. 한 마디로 너 죽고 나 살기다. 그래선지 화해나 양보, 타협, 통합, 협력, 소통 등과 같은 공약들이 굉장히 많이 등장하고 있지만 말과 현실이 따로 노는 형국이다 보니 실현될지는 미지수다.

이 시점에서 가장 심각하고 중대한 과제를 꼽으라고 한다면, 그것은 '갈등'의 파도를 하루빨리 가라앉히고, 이를 변증법적으로 극복해서 새로운 사회를 만들어가는 일일 것이다. 지역과 이념, 세대와 계층, 체제를 달리하는 집단들 간의 중첩된 갈등을 풀지 않고서는 한국사회가 더 이상 진보할 수 없기 때문이다.

이 같은 갈등은 본질적으로 동양의 가족공동체적 윤리와 서구의 개인주의적 윤리라는 모순된 이질적 규범의식이 공존하면서 자연스럽게 생긴 가치관의 혼란과 결합되어 증폭된 것으로 진단할 수 있다. 물론 이런 현상이 비단 우리만의 문제는 아니지만 시간이 해답이라고 방관하는 자세는 누구에게도 도움이 안 된다.

### 갈등은 또 다른 호기다

갈등이 반드시 파괴적이고 부정적인 역할만 하는 것은 아니다. 갈등은 새로운 규범과 가치, 사회 제도를 만드는 동력으로 작용하기도 한다. 말하자면 갈등이 창조적 파괴를 통해 새로운 창조의 원동력이 될 수 있다는 점에서 긍정할 부분도 적잖게 존재한다. 물론 그것이 갈등의 해소가 전제되어야 함은 말할 것도 없다.

갈등의 근본 원인은 '가치의 불균등 분배'로 파악할 수 있다. 이것이 계층 간의 대립의식을 야기하고 양극화를 촉진시켜 결국은 폭력적 갈등이 전개되기 때문이다. 따라서 갈등은 가치를 분배하는 사회구조를 변화시키기 위한 투쟁을 요구한다. 그렇다면 여기서 갈등 극복에 '투쟁'을 필연적인 요소로 볼 수 있을까?

여기서 송(宋)나라의 철학자인 장횡거(張橫渠 : 1020~1077)의 주장을 보면, "형상이 있으면 이에 대립이 있고, 대립은 반드시 상반적인 관계를 낳고, 상반적인 관계가 있으면, 이에 원수(적대적인 모순, 갈등관계)가 있게 된다."고 주장하고 있다. 말하자면 원수는 반드시 화해하여 그 갈등이 해소될 수 있다는 논리다.

이에 명(明)나라 말기의 진보적 철학자인 왕부지(王夫之 : 1619~1692)는 강유(强柔)와 한온(寒溫), 생살(生殺)은 서로 반대(相反)로서 반드시 원수가 되지만, 마침내 서로를 이루어(相成) 적대적인 관계가 해소되고 태허(太虛)로 돌아간다고 주석했다. 왕부지는 적대관계를 화해시키는 이른바 상생(相生)논리를 제시하였다.

## 법치가 만능은 아니다!!

지도자가 국가를 운영하는데 있어서 중시해야 할 점은 무엇보다 민중이 선(善)을 행하고 악(惡)을 멀리하게 하는 데 있다. 때문에 지도자는 민중을 '선'으로 인도함에 있어서 법령만으로 하지 않고, 먼저 자신의 '밝은 덕을 갈고 닦아 이를 근본으로 삼아' 민중이 '선'을 행하고 '악'을 멀리하도록 솔선수범(率先垂範)하는데 있다.

민중은 예로부터 지도자로부터 거울삼는다. 지도자가 솔선하여 법령보다 덕(德)으로써 민중을 다스려 나가려는 의지를 표출하면, 민중도 이를 그대로 반영하여 따른다. 그럼에도 지도자가 법령으로만 다스려 나가고자 하면, 따르지도 않을뿐더러 민중은 애써 빠져나가려고만 하거나 법령을 어기고도 부끄러워하지 않는다.

정치와 형벌, '덕'과 '예'가 민중을 감동시키는 기제임에는 틀림없다. 민중들이 여기에 응함에 따라 법치와 덕치로 나누어진다. 그러므로 지도자는 무엇이 근본이고 무엇이 말단인지 명확히 인식하여 중시할 것과 경시할 것을 엄밀히 구분하여 우선순위에 따라 다스려야 한다. '덕'과 '예'를 중시하는 이유가 여기에 있는 것이다.

## 아! 세월호!!

화창한 봄날, 산을 다녀보면 온갖 꽃들이 만발함을 목격한다. 가슴을 흔든다. 10년이면 강산도 변한다고 하지만 잠시 차치하고, 지난해와 지지난 해에 보았던 꽃들과 유사해 보이는 것도 자세히 보면 감동은 다르게 다가온다. '볼 때마다 느낌이 다른 것'이다. 이와 같은 관점을 전문용어로 일컬으면 이른바 '양명학적 사고(陽明學的 思考)'라 칭할 수 있다.

꽃들이 만발하는 봄을 수없이 경험한 이들에게는 만발하는 꽃을 확인하기 위해 직접 산을 찾지 않고도 '꽃들이 만발하게 되는 원리를 추측(推測)'할 수 있는 능력이 생긴다. 그래서 '현장을 직접 확인하지 않고도 감동할 수 있는 것'을 일컬어 이른바 '주자학적 사고(朱子學的 思考)'라 칭한다. 북한을 가보지도 않고 환경을 알 수 있는 능력이 이 같은 경우다.

통계에 의하면, 교통사고로 매일 15명, 한 달이면 500명 내외가 희생되고 있다. 예사롭지 않다. 끔찍한 사건을 목격하고 나면 트라우마 그 자체다. 27년 전, 원목을 가득 싣고 정지해 있던 대형 트레일러 뒤를 유사한 크기의 대형 화물차가 추돌하면서 운전수와 조수가 그 자리에서 종잇장처럼 납작하게 접혀 숨진 사건은 30년이 넘는 운전경력을 가볍게 한다.

직접 교통사고 현장을 확인하지 못하는 사람들에게 하루 15명 내외가 숨지고 있다고 외쳐대도 무감각한 게 오늘의 현실이다. 매달 50~60명씩 교통사고 가해자들을 불러 모아 정신교육을 시켜도 의식전환은 쉽지 않다. 그러나 가해 당사자가 경험한 사고유형들을 모아 보다 자세히 풀어주는 이른바 '사례형' 교육을 하면 급 공감하는 것을 자주 목격한다.

과거 화성의 씨랜드 화재로 적지 않은 사상자가 발생된 적이 있다. 불행한 일이지만, 당시 모 유명 운동선수도 자식을 잃었다. 나라가 흔들렸다. 결국 그녀는 나라를 원망하면서 뉴질랜드로 이민을 떠났다. 그런 상황에서 슬픔을 이겨 낸다는 것은 사실 쉬운 일이 아닐 것이다. 별다른 원인이나 이유도 없이 희생을 당한다면 화나지 않을 사람이 어디 있겠는가?

세상에 존재하는 모든 이들은 소중하며 또 소중하게 여기지 않을 사람은 단 한 사람도 없다. 자식이든 부모든 형제든 소중하지 않은 이는 없는 것이다. 그런 차원에서 보면 우리의 삶은 참으로 불공평하다. 어떤 이는 자연사 하는가 하면, 어떤 이는 비명횡사한다. 때문에 우리의 삶은 온전하지 않음을 알 수 있다. 누구나 터무니없이 희생당할 수 있기 때문이다.

문제는 똥인지 된장인지 인식하지 못하는 자들이다. 혼란을 틈타 자신들의 주장만을 내세우니 환장할 일이다. 물 만난 고기처럼 자신들만의 논리가 진리라고 주장하며 외곽을 때리는 통에 인간의 범주 내에 있던 이들도 부화뇌동하여 춤을 추기 일쑤다. 때문인지 멈추지 못하는 제어 불능의 기관차가 되어 가는 듯하다. 어떤 형태로든 부메랑은 불가피하다.

불교에서는 눈으로 보고 귀로 듣는 시각과 청각을 오류 가능성이 높다는 이유로 천박하게 보는 반면, 촉각과 느낌(법)을 더욱 가치 있게 여기는 경향이 있다. 즉 보고 듣는 것이 다가 아니란 얘기다. 중요한 것은 보이지 않고 들리지 않더라도 잘못된 부분을 찾는 자세다. 비록 작은 부분이라 하더라도 작게 보지 않는 태도가 이 시점에서 필요한 자세라 하겠다.

찰미(察微)라는 말이 있다. '작은 것'을 살피라는 얘기다. 위정자들이 꼭 새겨야 하는 말이다. 쉽지 않지만 암세포를 초기에 발견하면 치유하기 쉽듯, 사태가 커지기 전에 조기에 조짐을 파악해서 예방책을 써야하는 쪽으로 향해야 한다. 작은 볼트와 너트가 잘 조합하고 있는지, 와이어 한 줄이 제대로 엮어져 있는지를 살피는 자세가 필요한 시점인 것이다.

다시 말해 지금 이 시점에서 중요한 것은 '작은 용기(즉각 개선하고자 하는 욕심)'를 버리고, '큰 용기(끊임없이 문제를 제기하여 사고 자체가 없는 예방차원의 원대한 개선)'를 가져야 한다는 것이다. 물론 눈과 귀에서 사라지면 나 몰라라 하는 냄비 근성을 하루 빨리 폐기해야 함은 말할 것도 없다. 모두가 철저히 이성적인 '주자학적 사고'를 적용할 때다.

## 예악은 형정이 동반되어야 한다!!

일찍이 정조는 "예악과 형정은 정치를 돕는 도구로서 하나라도 없애서는 안 된다. 마치 음식과 약으로 병을 치료하는 것과 같으니, 몸을 편안히 하려면 먹어야 하고 병을 낫게 하려면 약을 써야 한다. 그래서 의가서(醫家書)에서는, '알맞게 먹는 것을 모르면 삶을 온전히 할 수 없고 약 성분에 밝지 않으면 병을 없앨 수 없다. 먹어서 치료해 보고 낫지 않은 뒤에야 약을 쓰도록 한다.' 하였으니, 이 말은 통치의 법에 비유할 만하다."[36]라고 언급한 바 있다.

정치(政治)에 있어서 당근과 채찍은 기본 도구이다. 예악

---

36) 『弘齋全書』 卷167, 「日得錄」, 政事2. : 禮樂刑政, 爲輔治之具, 不可廢一. 如食藥療病, 蓋安身須食, 救疾須藥. 故醫家書, 不知食宜, 不足以全生, 不明藥性, 不能以除病. 食以療之, 不愈然後命藥, 此言足可以喩治法.

(禮樂)이 내재적 수단인 당근이라면, 채찍은 외재적 수단인 형정(刑政)이라 할 수 있다. 예악만으로 목표를 완수할 수 없듯 형정만으로도 목표를 이룰 순 없다. 내재적 통제능력이 상실될 경우 극약처방을 하듯, 예악이 붕괴되어 자정능력이 상실될 때 외재적 수단인 형정이 필요하다. 물리적인 균형이 아니라 세상의 정서를 충분히 살려가면서 순차적으로 균형을 잡아 나가는 지혜가 필요하다.

## 돼지와 부처님의 눈!!

"돼지 눈에는 돼지, 부처님 눈에는 부처님이 보인다."는 말이 있다. 차고 넘치는 세상임에도, 공부(工夫)는 무엇 때문에 하나? 의심해서 흔들리지 않는 최소한의 것만이라도 발견하면 보다 큰일을 도모할 수 있는, 즉 희망을 가질 수 있다는데 과연 온당한 말인가?

세상에 확실히 참은 존재하는가? 실존(實存)이 본질(本質)에 앞선다는 실존철학자들의 논쟁도 있지만, 분명한 실체는 존재하지도 존재할 수도 없다. '없음'에서 '있음'으로, 다시 '없음'으로 끊임없이 반복되는 이 같은 패러다임 속에서 애초부터 확인사살은 불능이다.

특히나 신(神) 중심의 사고(cogitatio)에서 비롯되는 존재론, 즉 '나는 있다, 나는 존재한다(ego sum, ego existo)'는 생각과 의심들, 무엇을 의심하고 성찰한들 과연 어찌할 것인가? 또 삶의 질을 논하는 오늘날의 상대적 사유들은 어떤 형태의 행복으로 연결시킬 것인가?

창조하고 유지하고 파괴하는 굴레에서 획기적인 부정의 법칙은 과연 무엇이 있을까? 자연과 신, 인간과 문화 속에서의 삶의 과정은 제어될 수 있을까? 헐벗고 굶주리던 이에게는 배부르고 등이 따스워야 윤리와 도덕 따위를 받아들인다는 데 이 또한 옳다고 할 수 있는가?

다시 "나는 생각한다. 고로 존재한다(ego cogito, ergo sum)."는 주장보다 직접적인 "나는 있다. 나는 현존한다(ego sum, ego existo)."는 주장도 여전히 참으로 받아들일 수 있는가? 또 얼굴과 팔, 다리 등 모든 지체로 이루어진 것은 하나의 기계로 볼 수 있을까?

자신이 존재하기 위해서는 생각해야 하고, 생각하기 위해서는 몸이라는 실체(實體)가 존재해야 한다. 나는 무엇인가? 사유(思惟)하는 것이다. 사유란 무엇인가? 의심하고, 이해하며, 긍정하고, 부정하며, 의욕(意慾)하고, 의욕하지 않으며, 상상하고 감각하는 것이다.

## 『논어』의 리더십을 어떻게 볼 것인가!!

『논어』의 리더십에 대해 시대의 리더들이 관심을 표명하고 있다는 소식이다. 어제오늘의 이야기가 아니지만 새삼 『논어』의 리더십에 대해 관심들이 많다니, 격세지감[37]을 느끼게 한다. "공자왈 맹자왈!", "지금이 어느 시대인데 공자왈 맹자왈이냐?" 비판하기 바빴다. 공자(孔子)가 어떤 인물이고 맹자(孟子)가 어떤 인물인지 알지도 알려고도 하지 않고 비판하기 바빴다. 그러나 그런 사람들일수록 우리의 삶의 정서를 통해 깨달음을 얻으면 이를 부정하지 않고 받아들인다. 물론 그것이 2500년 전 공자라는 인물이 우리에게 가르침을 준 것이라 하면 더욱 놀란다.

---

37) 隔世之感 : 진보와 변화를 통해 상당히 많이 달라짐, 전혀 다른 세상 혹은 다른 세상이 된 것 같은 느낌.

필자 또한 이 같은 비판 대열에 있던 사람 가운데 하나다. 뭔가 이런 저런 꺼리를 찾지 못해 비판을 자제하고 있다가 주변에서 "공자왈 맹자왈!" 하면 "지금이 어떤 시댄데 개가 풀 뜯어먹는 소리냐"며 비판 아닌 비난을 가하기 바빴던 사람이다. 물론 어떤 계기가 주어지면서 공자의 진솔한 면을 확인하여 태도를 완전히 바꾸어 "공자왈 맹자왈!" 마니아가 되었지만. 이런 거 보면 '천명(天命)'이 없지 않다는 느낌이다. "하고자 한 게 아닌데 하고 있고, 이르고자 한 게 아닌데 이르러(莫之爲而爲者天也 莫之致而至者命也)"있는 것을 보면 참으로 희한한 일이다.

여하튼 동시대를 살아가는 각계의 리더들에게 "우리 사회를 이끌어 가는데 어떤 덕목이 도움이 되던가?"라는 물음에 절대 다수가 "『논어』의 말씀을 통해 이끌 때, 가장 효과가 크더라."는 답변들을 볼 때, 『논어』의 힘을 다시금 확인케 한다. 『논어』에 도대체 어떤 이야기(덕목)들이 있기에 조직을 이끌고 사회를 이끄는 데 힘이 된단 말인가? 말에 혹 꿀이라도 발라놓기라도 했단 말인가? 뭐가 있기에 그토록 오랜 세월동안 시대의 리더들이 활용을 하는 것일까. 『논어』의 리더십 덕목, 무수히 많지만 이 가운데 시대의 리더들이 알아두면 좋을 법한 덕목 세 가지만 보자.

우선 학이시습(學而時習 : 배우고 때에 알맞게 익힘)의 '학습형 리더십'이다. 『논어』의 핵심은 '배움으로 시작하여 성인(聖人)이 되는 것'이다. '학(學)'으로 시작 '요왈(堯曰)'로 마무리 되는 『논어』의 구성은 이를 잘 말해준다. 이를 통해 볼 때, 한국의 교육열이 높은 것은 공자의 영향이라 아니할 수 없다. 머리가 원래부터 좋은 것이 아니라 '끊임없이 배우고 익히니' 좋아질 수밖에 없는 것이다. 미국의 오바마가 틈만 나면 우리의 교육열에 대해 찬사를 아끼지 않는 것도 결코 우연이 아니다. 따라서 시대의 리더는 '변화의 주역'이라는 점에서 배움에 진력해야 한다.

두 번째는 화이부동(和而不同 : 사람들과 조화를 잘 이루면서 주체성을 잃지 않음)의 '포용형 리더십'이다. 쉽게 얘기하면 『논어』에서는 '군자'와 '소인'을 나누어 논하면서 끊임없이 '소인'이 되지 말고 '군자'가 되길 주문한다. 즉 "군자는 사람들과 조화를 이루면서도 주체성은 확보하지만 소인은 그저 사람들과 같아지려고만 하고 화합하지는 못하기 때문"이다. 오늘날 우리의 세태를 꼬집는 듯한 말씀이다. 한마디로 예나 지금이나 삶의 구조는 별로 달라진 게 없다는 얘기다. 유명인사가 하나 탄생하면 모두가 따라 하는 것은 천박한 '소인'의 전형임을 알아야 한다.

마지막으로 눌언민행(訥言敏行 : 말은 어눌하게 하고 실천은 민첩함)의 '실천형 리더십'이다. 시대의 리더는 직급과 상관없이 모두가 정치인이라 할 수 있다. 어떤 마음가짐을 가지고 실행하느냐에 따라 민중이 편안해 질 수 있기 때문이다. 공자가 위나라에 갔을 때, 염유라는 제자가 말을 몰았다. 위나라에 사람들이 많은 것을 보고 공자가 "백성들이 참 많구나!" 하며 놀라자, 염유가 "백성이 많으면 어떻게 해줘야 합니까?" 묻자, "잘 먹고 잘 살게 해줘야 한다."고 답했다. 그러자 "이미 잘 먹고 잘 살면 뭘 더 해줘야 합니까?" 하자, "가르쳐야 한다."고 답한 바 있다.

정치의 근본 목적 가운데 두 가지 요소가 있다. 하나는 '도덕의 확립'이고 또 하나는 '경제'다. 도덕은 정신적 삶을 풍요롭게 하고, 경제는 물질, 즉 육체를 풍요롭게 하는 핵심 요소다. 두 가치가 공히 중요하지만 보다 중요하기로 따진다면 '도덕'을 확립하는 것이라고 할 수 있다. 그러나 정책을 실시하는 데 있어서 '경제'를 보다 우선시하는 것은 군자는 가난해도 도덕을 지킬 수 있는 마음이 존재하지만, 소인은 가난하면 도덕을 배척하기 때문에 육체적 삶, 즉 경제를 중시하는 것이다. 잘 먹고 잘 살게 하여 가르쳐야 한다. 시대의 리더들은 꼭 새겨두어야 한다.

# 토론이란!!

철학(哲學)을 공부하는 사람의 입장에서 논의를 해보자. 우선 토론[38]이라는 말의 의미를 살펴보면, 한 마디로 말싸움이다. 화자(話者) 간의 논리적 말다툼(?)을 의미하는데, 이때 상대는 말할 것도 없고 제3자인 청중의 귀에 어떻게 하면 내 주장이 잘 받아들여지게 할까 고민들을 한다. 이러한 과정을 통해 정책이 만들어진다는 점에서 찬반토론 시 고민들을 하지 않을 수는 없는 일이다.

이때 주창자는 청중에 대한 자신의 유세가 최대한 어필될 수 있도록 최선을 다하려 안간힘을 쓰는 게 당연한 정서다. 그러나 주창자의 논리가 정연함에도 청중이 내심 기대하는

38) 본래 토론(討論)의 뜻, 토(討)는 '연구하다'라는 의미이고, '론(論)은 강론하다'라는 의미를 갖는다.

답에 견주어 부응하지 못하면 부정당할 게 뻔하다. 반대로 자신의 입장과는 전혀 다른 유세(遊說)를 했음에도 청중들의 이해관계에 따라 어필되기도 하는 것은 웃기는 일이다. 그래서 유세란 참으로 힘들다고들 한다.

오래전 제자백가 가운데 묵가(墨家)라는 학파가 있었다. 당시 가장 대중들의 마음을 사로잡은 학파였지만 오늘날에는 겨우 이름만 남은 존재 정도로 쪼그라들었다. 나를 사랑하는 만큼 남을 사랑하고, 우리 부모를 사랑하는 만큼 남의 부모를 사랑하라는 묵자의 무차별적인 겸애주의(兼愛主義)는 당시 선풍적이었다. 오늘날의 급진주의 정당에서 주장하는 것과 유사한 느낌이 드는 그런 주의였다.

또 전쟁을 아주 싫어해 반전주의(反戰主義)를 내세웠지만 어느 집단의 학파보다 전쟁에 대한 이론과 무기를 지니고 있었다. 오늘날에도 이런 유사한 논리로 각국이 국방에 대해 무지막지한 투자를 하고 있는 것은 모순이 아닐 수 없다. 전쟁을 막아낼 능력이 없다면 언제든 평화는 깨진다는 논리다. 여하튼 극단적인 반전주의와 평등주의를 강조한 학파가 오늘날 명맥이 끊긴 것은 아이러니다.

예로부터 사람들은 무엇이든 당시 정서와 부합하는 듯한 논리를 들이대지만 사실은 지극히 이상적인 논리로 치달을 때가 많다. 그래서 현실과 괴리되는 현상이 노정되고, 이것이 시간이 지나면 전혀 새로운 형태의 논리가 형성되기도 한다. 칸트(Kant)의 논리부재를 헤겔(Hegel)의 변증법이 보완했다지만 역시 불완전한 논리가 나타났고, 마르크스(Marx)가 이를 보완한 것은 시사하는 바가 적지 않다.

일반적으로 토론이란 다 그렇다. 늘 자신의 입장에서 논의의 출발점으로 삼기 때문에 해법을 찾기 쉽지 않다는 것. 또한 각자 가지고 있는 지론이나 입장 차로 말미암아 접점을 찾기란 거의 불가능에 가까움에도, 가능하다고 오판하는 데에서 가끔 개판이 되기도 한다. 그래서 시대의 조류에 따라 해답을 찾는 것이 그나마 대안이라고 빡빡 우기지만 이 역시 오류투성이로 귀결될 가능성은 크다.

얘기가 길어지면 짜증날 수가 있어 정리하면, 노사(勞使) 혹은 노정(勞政) 간 갈등을 조정하고 정리하기 위해 토론을 하는 것은 생산적인 일이지만, 눈앞의 이익만을 바라보고 투쟁만을 부르짖기보다는 보다 심도 있고 원대한 생각을 가지는 동시에 온갖 악재에 빠질 수 있는 변수도 고려하는 지혜를 발휘해야 한다. 당장 하늘이 무너지지 않는 만큼, 심사숙고해서 접점을 찾는 작업을 할 때란 얘기다.

포용하거나 양보해야 할 때임에도, 폭력(투쟁만 주장)으로 일관하는 것은 후진국으로 나아가는 지름길이다. 다시 말해 일방적인 주장만을 주구장창 늘어놓는 것은 토론이 될 수 없다는 말이다. 특히 토론은 실제를 위해 필요한 정책을 전제하는 것인 만큼, 신중을 기하고 또 기하는 것이 중요하다. 모두의 안녕을 위한다는 점에서, 한 발 두 발 양보하는 미덕과 지혜를 발휘해야 할 때가 바로 지금이다.

# 변증법으로 본 노동운동, 어떻게 할 것인가?

현대 지성의 공통적 사고방식을 보면, 이른바 '변증법(辨證法) 이론'을 빼놓을 수 없다. 변증법에는 크게 헤겔(Friedrich Hegel)의 '관념론적(觀念論的) 변증법'과 마르크스(Karl Marx)의 '유물론적(唯物論的) 변증법'으로 나누어 볼 수 있다.

'유심(唯心)'과 '유물(唯物)'은 사상적으로 대립할 뿐 아니라 사회적으로도 대립하여 인류세계를 양분시켰다. '유심론적 변증법'은 자유민주주의 진영으로, '유물론적 변증법'은 공산주의 진영으로 각각 나뉘게 됨으로써 상호 대립하게 되었다. 이러한 구도로 짜여짐에 따라 '자유민주주의 진영'에서는 '종교'를 자연스럽게 인정하고 존중하지만, '공산주의 진영'에서는 '종교'를 부정할 수밖에 없었다. 즉 종교는 아편이며, 정신은 육체의 반사작용이라 하여 부정할 수밖에 없었던 것이다.

주지하듯 변증법 논리는 정반합(正反合)의 관계에 의해 논리가 전개된다. 어떤 실체, 즉 정체(正體)가 있다면 반드시 이에 반대되는 반체(反體)가 생긴다. 이 정체와 반체는 상호 대립관계에 놓임으로써 결국 투쟁을 통해서만 발전된다고 본다. 때문에 변증법에서는 투쟁을 부정적으로 보지 않고 '발전의 모체'로 규정하여 오히려 적극 인정하는 자세를 취한다. 대립 투쟁을 통해야 결국 합(合)으로 고양(高揚)되며 발전된다는 논리다. 한마디로 '무한투쟁'을 '긍정적'으로 보는 것이다.

'유심주의'는 그 근본이 '형이상학적'인데 있다. 보이지 않는 하늘에 근본하고 있다고 한다면, '유물주의'는 '형이하학적'인 물질에 근본하기 때문에 천지인(天地人) 삼재(三才) 가운데 하늘(天)과 땅(地)은 존재해도 사람(人)이 없는 것이 된다. 인간(人間)이 상실된 21세기 오늘날, 노동운동가들에게는 큰 과제가 아닐 수 없다 하겠다. 인간의 잃어버린 권한이 복권(復權)되어야만 비로소 하늘(天)과 땅(地)을 상호 만나게 할 수 있는 매개 역할(人)이 가능하다는 점에서 각성해야 한다.

이를 위해서는 '유심', '유물' 차원의 운동에서 한 발씩 물러나야 한다. 인간화 작업에 걸림돌이 되거나 사회적 약자들에 대한 실질적인 생명살림에 도움이 되지 않는 운동자세에서 과감하게 탈피하여 실질적인 합(合)의 접점을 찾아야 하는 것이다. '사랑'을 양(陽)이라 하면 '투쟁'은 음(陰)이라 할 수 있다. '양'으로 존재해야 할 때, '양'해야 하고, '음'으로 존재해야 할 때, '음'해야 한다. 이를 적절히 조절하는 것이 인간주체의 당위다. '상생'과 '상극'은 바로 이러한 간단한 환경에서 비롯된다.

'음양'을 조절하는 것은 물론 태극(太極)이다. 그러나 태극이 인극(人極)이라는 점에서 인간의 순수한 마음은 반드시 필요하다. 하늘에 근거하는 극단적 '원리주의'도 문제지만, 땅에 근거하는 극단적 '물질주의'도 도움이 되지 않기는 마찬가지다. 21세기 노동운동, 적당히 고양된 정신적 삶과 물질적 삶을 통해 성숙한 인간을 만드는 작업이야 말로 시대적 소명이라 할 것이다. 궁극적으로 '사랑'을 쟁취하기 위한 '투쟁'은 '인도(人道)를 실현하고자 한다'는 점에서 창조적 파괴를 필요로 한다.

## | 참고문헌 |


『대학』, 『논어』, 『맹자』, 『중용』, 『서경』, 『주역』, 『회남자』, 『홍재전서』, 『노자』, 『장자』 등.

김동성, 『평화를 원하거든 전쟁을 준비하라』, 우면, 2009.

김수행, 『알기 쉬운 정치경제학』, 서울대학교출판부, 2008.

김필수 외역, 『관자』, 소나무, 2006.

김해영, 『변화와 희망을 위한 철학에세이』, 도서출판 문화문고, 2010.

김해영, 『철학자, 정조의 효치를 분석하다』, 안티쿠스, 2012.

김해영 외, 『우리들의 행복이야기』, 북셀프, 2012.

김해영 외, 『지금은, 정조를 읽어야 할 시간』, 안티쿠스, 2013.

류승국, 『유가철학과 동방사상』, 성균관대학교출판부, 2010.

박종현 역, 『국가』, 서광사, 2001.

박종현 편, 『플라톤』, 서울대학교출판부, 1992.

이창희 역, 『엔트로피』, 세종연구원, 2006.

이현구, 『지금, 내게 가장 절실한 것』, 동녘, 1998.

한국철학사상연구회, 『철학대사전』, 동녘, 1997.

황문수 역, 『오이디푸스』, 범우사, 1998.

## | 찾아보기 |

# 손에 잡히는 철학


**발행일** | 초판 1쇄 2014년 7월 20일

**지은이** | 김해영
**펴낸이** | 고진숙
**펴낸곳** | 도서출판 문화문고
**책임편집** | 김종만
**북디자인** | 배경태
**CTP출력** | 상지사피앤비
**인쇄·제본** | 상지사피앤비
**물류** | 문화유통북스
**출판등록** | 제 300-2004-89호(2005년 5월 17일)
**주소** | 110-816 서울시 종로구 자하문로 266, 612호
구) 서울시 종로구 부암동 129-8 울트라타임730 오피스텔 612호
**전화** | 02-379-8883, 723-1835
**팩스** | 02-379-8874
**이메일** | mbook2004@naver.com

ISBN 978-89-7744-042-5 (03100)

이 도서의 국립중앙도서관 출판시도서목록(CIP)은 서지정보유통지원시스템 홈페이지(http://seoji.nl.go.kr)와 국가자료공동목록시스템(http://www.nl.go.kr/kolisnet)에서 이용하실 수 있습니다(CIP제어번호:2014019856).